まえがき

昔の映画でバーのマダムがこんなことを云った。

「あたしは男性を〝品行の人〟と〝品性の人〟に分けてるの。どんなに品行がよくても品性のわるい人はイヤだし、多少品行がわるくても品性がよければ好きよ」

この基準を品性のいい人をマジメ人間、品行のワルいのを非マジメ人間に。

現在《いま》は価値基準が変わってかんたんなハメコミはできない。

が、歴史ならできる。

膨大な量の私の書いた人物を、一人ひとりの言行を分析し、

「この人はマジメだからこうなった、非マジメだからこうなった」

と、その人がめぐりあった運命を一応結論づける仕事をしてくれたのは、ぱるす出版の梶原純司さんである。

私は何もしないで梶原さんの努力をみていただけだ。

本づくりに「制作者」という分野があれば梶原さんはその練達者だ。

報い多からんことを祈ります。

童門冬二

⊙マジメと非マジメの間で〜歴史人物解体新書〜

Ⅰ　僕のマジメ論

Ⅱ　歴史人物解体新書

I

僕のマジメ論

1　マジメのススメ

明智光秀、石田三成、木戸孝允、吉田松陰、井伊直弼

この人たちに共通するのは「マジメ（真面目）」ということです。一方、かれらの対極にある人たちというと、次の面々が頭に浮かんできます。

坂本龍馬、遠山金四郎、高杉晋作、平賀源内、勝海舟

これらの人たちに比べ、前に掲げた人たちには次のような印象がつきまといます。

(1)　人気がない。
(2)　精神的に脆い。
(3)　悲観的になりやすい。
(4)　失敗する。
(5)　人が集まらない。
(6)　現実に弱い。

人気がないという点にしぼると、かれらには次のようなことがいえます。

①　融通がきかないから人当たりが悪い。

②　遊びがないから人脈が広がらない。
③　ユーモア感覚に欠けているから喧嘩になる。
④　完全主義者だから優柔不断になる。
⑤　人を信用しやすいから騙されがちになる。
⑥　人の欠点が気になって好き嫌いが激しい。

南北朝の頃、備前国に**児島高徳**《こじまたかのり》という忠臣がいました。昔の教科書には、後醍醐《ごだいご》天皇が隠岐に流されるときに、行在所の庭の木を削って、

「天、勾践《こうせん》を空しゅうするなかれ、時に范蠡《はんれい》無きにしもあらず」

と書いたという話があります。

児島高徳は隠岐の島に向かう後醍醐天皇を何度も奪還しようとして、待ち伏せをしました。しかし、待ち伏せをするたびに、その場所を知った幕府側が道を次々に変えてしまうので、成功しませんでした。諦めた高徳は、ついに行在所の庭に忍び入って、前記の詩を書きつけたのです。後醍醐天皇は、遠い国にいた忠臣の存在に非常に喜んだといいます。

が、高徳はマジメ人間でどこか魅力に乏しいのです。**楠木正成**《くすのきまさしげ》ほどの人気がありません。楠木正成は「河内の悪党」といわれるほどの変化に富んだ人物でしたから、高徳のようなワンパターンの忠臣ではありませんでした。

このあたりに、正成の奇々怪々性もありますが、また後世、かれの人気がわいている所以でもある

でしょう。若いころは、かれは大きな寺へ納める税金をかっぱらったりして、これを民衆に与えたりしていますから、正成を支えたのは実は底辺の人たちだったといっていいでしょう。

ただ、そうはいっても、本書は、マジメ人間を糾弾するのが目的ではありません。こういう特性をもつ人が社会の規範として正当に機能するようにするにはどうしたらいいか、つまりマジメということが世の中から評価されて、大きな力をもつようにするにはどうしたらいいか、ということを考えてみたいのです。

だからこの本の本当のねらいは、

「マジメのすすめ」です。

「マジメ人間は成功すべきである」

という立場から、

「マジメ人間が成功するためにはどうしたらよいか」

ということを考えるのが本書の目的です。そのために、本当は歴史的に評価すべき人間にあえて砂をぶっかけます。

マジメ人間が自己を振り返り、そのマジメさに芯を据えながら、それが生きるような方法論の展開が必要になります。そこでこの方法論をどうすればいいかを、本書で考えてみることにしました。

つまりマジメ人間ということは、即、「馬鹿の代名詞」という世間の一般的風潮に挑戦する意味で、マジメ人間が決起するためのノウハウを考えてみたいと思っているのです。

2 マジメ人間は精神的に脆い？

「昔神童、今ただの人」などといいます。郷土の小学校で「神童」といわれる人ほど出来がよく、都会の一流の学校に進学したのに、中年になって気がついてみたら、なんのことはない、「普通の人」になっていたにすぎないというわけです。小学校などで、

「よく勉強ができるね」「頭がいいね」「級長だ」「クラス委員だ」

ともてはやされると、本人も意識して、ついつい（よい子にしていなければ）ということになります。そして、良識溢れる人間になってしまいます。純粋培養された、いわばハウス栽培のモヤシっ子の誕生です。荒地にばらまかれたしぶとい雑草にかなうわけがありません。雑草人間はなりふりかまわず行動しますから、競争原理に合致しています。

これに対してモヤシっ子は、

「良い子にしていなければ」

という幼い頃から植えつけられた意識が、長じてからは、

「社会の規範を忠実に守らなければ」

という意識に成長します。誰かが決めた規範を守る。あるいは小さい頃から先生や親のいいつけを

よく守ったように、長じて、特定の上司に忠義を尽くすことになります。

よくいえば従順、悪くいえば無批判、真ん中をとって表現すれば、既成の公式を後生大事に守るのです。これは協調性を重んじ、大勢順応主義を歓迎する組織社会の中では美徳ともなりうる要素ですが、民主主義の原理からいえば、権威に対する無批判は「盲従」であると非難さるべきものです。

先人がつくってくれた「公式」が今日も正しいとは限りません。社会というのは常に動いているのです。だから昨日正しかった公式が今日も正しいとは限らないのです。雑草人間なら、

「あ、そうか！　今日は違うのか」

とすぐに反応します。フットワークよく、向きを変えるのに柔軟です。マジメ人間はそうはいきません。昨日の「公式」を今日も大事に大事に守っているのです。そして、数日遅れて、

「どうもおかしい？」

と自分の信奉していた公式の誤りに気がつきます。さらに始末が悪いことには、マジメ人間は、公式が間違っていたことに気づくと、こんどは、

「なぜだ！」

と愕然とするのです。茫然自失の体です。

「違うのか？　しょうがない。あっちへ行ってみよう」

というわけにはいかないのです。

なにしろ「公式」に従って生きてきたのです。その公式が間違っていたとなると、

「あしたからどう生きればよいのか」

と思いつめ、途方にくれてしまうのです。それどころか、公式が違っていたことをなかなか信じません。いや信じたくないのです。

「これは何かの間違いだ。公式自体は正しかったのかもしれない」

などと逡巡《しゅんじゅん》します。こうなると、

「うちの子に限って（そんな悪いことをするはずがない）」

という類いと同じです。都合の悪いことは信じたくないのです。悪くいえば、精神的サボタージュです。こういうマジメ人間は、公式の誤りを認めた時点ではもう立ち直れません。

武智半平太、江藤新平、石川数正、福島正則、豊臣秀次らがこの典型でしょう。

3 マジメ人間は悲観的になりやすい？

捨て身になりきった人間が強いのはなぜなのでしょうか。

第一に、全ての力を一点に集中するからバカ力が出るのです。恥も外聞もなく相手の懐に飛び込んでいって無理やり押しまくるから、尋常ではとても勝てない相手を打ち倒すことができるのです。

第二に、気迫が違います。この一戦にすべてを賭ける意気込みです。地位も力も技も、そして経験においても上回る人が弱小な人に負けるのは、たいてい常勝により油断が生じた間隙《かんげき》をつかれるのです。

　第三に、よけいなことを考えないので、判断を間違えないのです。成功するためにはどうすべきかだけを考えるから、よい考えが浮かんでくるのです。思考における一点豪華主義です。

　昔の武道者が試合に臨んで「無念夢想」を説いたのも、捨て身の有利さを知っていたからです。同時にそのことは、武道の達人といえども常に無念夢想をを説き、かつ、自分にいい聞かせなければならないほど「雑念」が生じやすかったことを示しています。達人は、人間本来の姿が「有念有想」、雑念の塊であることをよく知っていたのです。

「この試合に勝てば、名が上がって、仕官の口にありつけるかな」

「うまくいけば、出世の糸口がつかめるぞ」

「負けたらヤバイ」

「斬られたら痛いだろうな」

「負けたくない、勝ちたい」

　等々、消しても消しても、雑念が次から次へと湧いてくるのです。そのうちだんだん頭がボーッとしてきます。そこへ相手の剣が「エイッ」と鋭い気合とともに打ち込んでくる。「あっ」と気づいたときには負けているのです。

　それを知っているから、武道者は「無念夢想」を説くのです。会社の会議も同じです。

「この方針が決まると、おれの立場はどうなるのかな」

「ここでこの方針を支持する発言をしたほうが上司の覚えがめでたくなるかもしれない」

「あいつの方針が採用されるなんて許せない」

　等々、出席者がバラバラにそんなことを考えている会議が、正しい結論を導き出せるはずがありません。また、そんな考えをもっている社員が議論をリードしたり、他人を説得できるはずがありません。孔子は、

「身を殺して仁を成す」

　といっています。捨て身になれば、説得力も増すというものです。組織の中には、

「Aも悪いがBも悪い」

　というういい方をする人が必ずいます。こういう人には味方ができません。

「行事役を気取っている」「評論家的だ」

　などと受け取られ、いざというときに頼りにならないと思われるものです。正確には、

「Aも悪いが、Bもこの点が悪い」

　というのは正しいのかもしれません。しかし、人間が人間を選択するときは、正しいか正しくないかではなく、いざというときに捨て身になってくれるかどうかを判断材料にするものなのです。

　マジメ人間たちは、

「自分たちの失敗の積み重ねが、結局歴史を変えてきた」

　ということに自信をもっていいのです。自信をもっていれば、死にいたるほどのストレスは溜まりません。

　昔、ナチスドイツは、敵のスパイを捕えると、機密を白状させるために、血液を抜き取る振りをす

る拷問をしました。注射針を刺して、

「おまえの血液を少しずつ抜いてやる。それがイヤなら白状しろ」

と脅すのです。傍のビンには自分の血液がどんどん溜まっていきます（実は赤インク）。恐怖と不安で、実際は血液は抜かれていないのに、ショック死した者が多かったそうです。まさにストレスです。

かつて米国の精神衛生学者アロイデン・バーガーは「バーン・アウト・シンドローム」という新語をつくりました。「燃え尽き症候群」です。職場のマジメ人間がやたら熱心に仕事に取り組みます。バタバタと走り回り、毎日残業し、休みもとりません。しかも、他人の援助を受けたり助言を容れたりしません。ただただ眼を一点に据えて一直線に突き進んでいくのです。

こういう人を、管理者は「過剰な入れ込み」とみて危ぶみます。工場だったら事故を起こします。あるいは取引先とトラブルを起こしたりします。そうでないとしても、ある日突然落ち込んでしまい、以後、ぼんやりと日を過ごす人間になってしまいます。

燃え尽きてしまうのです。ストレスはそれほど恐いのです。病気にならないうちに自分で工夫して「ガス抜き」をしなければなりません。

この種のマジメ人間に類型化されるのは**源義経、武田勝頼、片桐且元、吉田松陰、前原一誠、木戸孝允**らです。いずれも悲劇性を帯びています。

4 マジメ人間は理論好き？

人間のマジメ・非マジメが自分だけでなく、他人や社会状況に大きな影響を及ぼすのは、時代が大きく動く時です。日本の歴史でいえば、戦国時代とか幕末明治維新にかけての頃が、人間の生き方として、それぞれの特性が出ます。

幕末維新を例にとりましょう。この頃のマジメ人間の特性のひとつが「学者性」です。

有馬新七、梅田雲浜、江藤新平、大村益次郎、河井継之助、川路聖謨、清河八郎、雲井龍雄、相良総三、佐久間象山、武田耕雲斎、藤田小四郎、田中河内之助、中岡慎太郎、橋本左内、原市之進、広沢真臣、藤田東湖、前原一誠、真木保臣、吉田東洋、横井小楠、頼三樹三郎、あるいは**久坂玄瑞、入江九一、吉田松陰**らが挙げられます。

学者性というのは、理念追求のあまり観念過剰になって、時折、現実を忘れることです。現実から遊離して、非現実的な行動に出たりすることがあるのです。

幕末維新時のマジメ人間も、多くはこの観念過剰や理念追求を急ぐあまり、非現実的な行動をとって斃《たお》れていきました。もちろん、それはそれなりに、社会変革の礎石としての意味をもちますが、同時代人にとって、あるいは志を同じくしてなんとかその目的を日本社会に実現したいと願う者たちにとっては、時機尚早、あるいは、「そうされてしまったために、後がやりにくい」などの批判が生まれてくることもあります。

5　マジメ人間は器が小さい？

マジメ人間は、目的達成の過程で、「完全主義を目指している」という印象を受けます。小さな失敗が許せないのです。そして、自分自身が優れている（と思い込んでいる）ので、常に自分自身を物差しにして人を見ます。いきおい、他人に対して厳しくなります。ましてや能力の劣る人間に対してはよけい厳しくなります。

能力の劣った人間から見るとこれは堪《たま》りません。いつも見張られているような気がするし、またちょっとした失敗も咎《とが》められやしないか、とおどおどして生きなければなりません。

そういう事情を理解したとしてもマジメ人間は、それを鷹揚《おうよう》に許すことができません。あくまでも追及する。つまり「重箱の隅を楊枝で突く」のです。重箱の隅に縮こまっている人にとってはやりきれません。いつ突かれるかと戦々恐々としているのです。

それがまた、マジメ人間にはよけい癇《かん》に障るのです。そういう言行を咎めます。やられる側はたまったものではありません。瘡蓋《かさぶた》をはがされ傷口に塩をすりこまれるのと同じです。

完全主義ということは、自分で自分の頭の中に種々な選択肢を作り出すということですから、その選択肢のどれを選ぶかということで悩むようになります。つまりマジメ人間は得てして決断が鈍るのです。

「これがベストか、あるいはベターか、あるいはまた三善の策か」

と悩むようになるのです。

その比較対照に時間を食い、判断や決断を下すことが延びます。決断の時期を失するのです。とくにこれがリーダーの場合、優柔不断と見られ、部下が迷います。決断したとしても、それが遅きに失するし、決断の表現そのものも迫力がないから、部下が、

「ほんとかな？」

と疑心暗鬼に陥りがちになります。

これではモラール（やる気）が昂《たか》まるはずがありません。**石田三成**の指揮振りはたぶんそうだったに違いありません。**明智光秀**が反乱後に**豊臣秀吉**に負けたのも、こういう、

「頭が鋭くて知りすぎているがゆえの不決断」

という印象をもたれるのです。

またマジメ人間は鋼鉄線のようなものです。だから張りに張ると、いきなりプツンと切れたり、折れたりします。それが鉛だとトロンとしたいい加減なところがありますから、逆に自分自身が曲がる

なりして身を支えます。

これは例えば、混んだ電車の中で身の支え方を考えてみるとよくわかります。電車が揺れるとき、ピンと張った足で立っていれば、必ずよろめく。しかし、膝を少し曲げて、その部分を緩衝装置にして対応すれば、案外保てる。それと同じです。

緩衝装置のない人間は折れやすいのです。この緩衝装置が、「融通を利かせる」とか「遊ぶ」とか「ユーモア感覚をもつ」とか……ということなのです。そういう意味では、完全主義というのはまさしくこの綱の線であって、あらゆる他人の瑕瑾《かきん》を許さない、張りつめた態度のことをいいます。

そして自分にも厳しいのです。自分の欠点が非常に気にかかる。だから、日々一種の修道者として自分の欠点をなくそうと努力します。このこと自体は悪いことではありません。

しかし自分がそうするから、勢い他人にもそれを求める。今度は他人の欠点が気になって仕方がないのです。人の粗《あら》や短所を探して、それを露骨に指摘する。そして「直せ」といいます。本当は「大きなお節介」の部分もあるのですが、それがマジメ人間にはそうはいきません。お節介をやくことが、そのまま自分の正義を実行することだと思っているのです。だから嫌われるのです。

人の欠点が気になりだして、それが歩み寄って直してくれる場合はいいのですが、直さないとなると、今度は、その人間が好きか嫌いかというところまで発展していきます。そして、この好きか嫌いかということをはっきり態度に出してしまいます。そのため人とのつながりや交わりの範囲が、色分けがはっきりして、人間のもつ曖昧性というものを認めなくなります。

早くいえば、

「人間はすべて敵か味方だ」

というように分けてしまいます。敵か味方かはっきりしないような、限りなく不透明という存在を認めないのです。また敵を味方に引きつけるということもしません。敵ならば必ず憎み、叩き伏せます。そういうことばかり考えて生きているのです。

非マジメ人間が歩み寄ろうと思っても、そういう態度だと、近寄れません。したがって、

「俺のほうでは付き合おうと思ったけれども、あの野郎があいう態度をとるのなら、勝手にしろ」

ということになってしまうのです。

だから融通を利かせ、遊びがあるということは、一面、人間の器量の大小を物語ることにもなるのです。そして、同時にそれは自分に隙をつくることになります。隙のある人間は親しみやすいものです。他の人がすっと寄ってきてくれます。**石田三成**も**明智光秀**もそれがなかったのです。

6　マジメ人間の成功の条件

「真面目」を辞書で引くと、

「本気、真心、偽りのない態度」

などとあります。

「使命感に燃えて行動し、自らも節度を守るとともに、相手に対してもそれを要求する様子」というのもあります。そういう意味だとしたら、マジメ人間が成功しないのはおかしいと思います。マジメ人間が成功する世の中に変えなければなりません。逆に、

「本気でない」「真心がない」「偽りだらけである」「使命感がない」「節度を守らない」という人間が成功するとしたら、それは世の中のほうが悪いのです。

もちろん、本書で縷々《るる》述べるように、マジメ人間にも問題があります。なんでもかんでも、いつでもどこでも、あらゆることに「マジメ」で通すのは、周囲の人たちが閉口してしまうのです。息がつまってしまうのです。

マジメであるべきことに不マジメで、どうでもいいことにマジメに取り組む人もいます。これも困りものです。

お互い、人生における持ち時間は限られています。だからマジメに取り組むことのできる問題も限られています。

「これだ！」

ということにマジメに取り組む人、

「ここぞ」

というときにマジメにやってのける人、それが真のマジメ人間です。

ただ、歴史を紐解くと、マジメ人間が成功している例は少ないということも頭に入れておいたほう

がいいでしょう。

理由は、見当違いすることが多いからです。見当違いのことに対してマジメに取り組み、肝腎なことをおそろかにしてしまいがちなのです。

もうひとつ、究極の目標がマジメなものであったとしても、そこに至る方法がマジメな方法一辺倒では成功が遠のきます。なぜなら、この世の中はマジメ人間ばかりではないからです。不マジメな人間を相手にマジメな方法でぶつかっても、通用しないことが多いのです。

世の中には、

「自分はこんなにマジメに考えているのに成功しない」

「わたしがこれほどマジメにやっているのに、みんながついてこない」

と嘆く人は多いのですが、これらの失敗はたいてい、

「相手も自分と同じマジメ人間である」

という誤解に起因しているのです。

むしろ世の中は、非マジメ人間から成り立っています。マジメ人間としては、そのことをまずしっかりと頭に胸に叩き込んで、そのうえで事に取りかからなくてはなりません。

その意味で、本書には「不マジメ・非マジメのススメ」という一面があります。しかし、それはマジメ人間の最も大切なものを捨てることまで奨励しているわけではありません。

マジメ人間がこの世の中を生き抜いて、マジメな目的を達成し、人生に成功するためにはどうしたらよいのか、それをマジメ人間の立場から説く、これが本書の大事な目的でもあります。ただし、こ

こでいう「人生の成功」とは、富とか社会的名声とか地位のことを意味するものではありません。

人生は主観的なものです。なぜなら人生は集団ではなく、個人のものだからです。他人からどう見えようと、本人がその死に際して「生きてよかった」「幸せだった」と思えれば、それでその人の人生は成功です。

マジメ人間がマジメであることをやめたら、あとに残るのは苦い後悔だけです。後ろめたさだけです。マジメ人間はマジメに徹して生きたらよいのです。中途半端が一番良くないのです。

では「マジメ人間に徹する」とはどういうことか。

それは一言でいうと、マジメのT・P・Oを心得ることです。すなわち「時」「場所」「場合」です。

要は、本質的でないこと、どうでもよいことは捨てることです。

「ここぞ！」

というとき、

「これだ！」

ということのみに絞って、そういうことにのみマジメに取り組むことです。

もう一つ。世の中の大部分を構成する非マジメ人間たちに対しては、それなりの対応をすることです。これらの人を動かし、自分のもつマジメな究極目的に協力させるため、工夫することです。こういったことを本書で紹介した歴史の偉人たちから汲み取っていただければ幸いです。

Ⅱ

歴史人物解体新書

西郷《さいごう》　隆盛《たかもり》／純情が命取り

1827～78　49歳
陸軍大将、明治政府参議

主君の急死で窮地に

幕末、旧幕府を挑発するために設けられた赤報隊の背後には、西郷隆盛がいました。この頃の西郷は「謀略者」として限りなく不透明です。しかし、若き日の西郷はそうではありませんでした。その端的な事件が、京都の僧月照《げっしょう》との錦江湾《きんこうわん》心中事件です。

安政の大獄のとき、西郷隆盛は全国指名手配の政治犯でした。高杉晋作とともに井伊直弼《いいなおすけ》から追いまくられていた存在でした。西郷はこのころ、主君島津斉彬《しまづなりあきら》の命によって、京都工作に奔走中でした。京都工作というのは、将軍相続問題で、島津斉彬や阿部正弘などの開明派が推す一橋（徳川）慶喜を将軍に立てようという運動です。西郷は月照とともに京都にあって、京都御所の公家を説得していました。これが井伊直弼のブレーン長野主膳《ながのしゅぜん》に睨まれました。

そして、京都にいられなくなりました。西郷は月照を誘って、

「薩摩に逃げましょう。薩摩藩には斉彬公がおられるので、あなたも安全でしょう」

といって鹿児島に逃げました。

ところが不幸なことに、斉彬が急死してしまったのです。薩摩藩の情勢は一変しました。保守派が

頭をもたげ、一挙に改革派を追放し、藩政を専断しました。京都から逃げ帰った西郷らは拒否されました。

「西郷は薩摩藩士だからなんとかかくまおう。変名してどこかに潜め。しかし月照という坊主は薩摩藩に入れることはできない。迷惑な話だ。日向に追放しよう」

といわれたのです。

悲劇を招いた過剰なマジメ

当時、日向に追放するというのは、日向領に逃すということですが、実際はそうではなく、藩境で殺すということになっていました。このままでは、月照は殺されるのです。そうなっては西郷の面目が立ちません。

「安全だから鹿児島に逃げよう」

といったのは西郷です。月照はそれを信じて一緒に来たのです。また京都の志士、平野国臣もついてきています。西郷は窮しました。そして月照、平野と船に乗り、突然、月照と抱き合って錦江湾に身を投げたのです。平野はとめましたが間に合いませんでした。かれはこのとき笛を吹いていました。

二人は救い揚げられましたが、月照は死に、西郷は息を吹き返しました。蘇生した西郷は大島三右衛門と名前を変えて島流しにされました。まさに、マジメ過ぎたが故の悲劇でした。

かれが京都工作で日々目にし耳にした政略家たちの汚れた方法をとっていたならば、かれ自身も月照も、あるいは助かったかもしれません。しかし潔癖な西郷にはそれができませんでした。このころの西郷は、純粋培養された、自己の信念に殉ずることが最も正しい生き方だと信じていました。

もちろん、恩人である斉彬の急死がかれを衝撃的に死へ追いやったのかもしれません。つまり、胸がいっぱいになってしまって、柔軟な思考能力を、この時点では西郷も欠いていたのです。マジメ人間に共通した「悲劇的決断をする」という典型です。

マジメゆえの悲劇

二度の島流しから生き返った西郷は人が変わったように幕末・維新の修羅場を、権謀術数を駆使して、八面六臂の活躍をします。

しかし、討幕という大きな目的が達せられた後、かつての西郷が甦るのです。

西郷は若い頃、藩の地方役所で税金の徴収をしていました。その頃の役所は堕落していて、役人が富んだ農民と結託して、その村の税金を決めていました。すなわち賄賂を届ける者は安くし、届けない者の税金は高くしました。これを見て西郷は憤慨しました。藩の上層部に、

「こういうことを何とかしなければ、民の役所に対する信頼が一挙に失われます」

と報告します。この意見書が斉彬の目にとまり、かれは斉彬の側近になります。

このとき西郷が大事にしていた歌があります。

虫よ虫よ　五ふし草の　根を絶つな
断たばおのれも　ともに枯れなん

「イネをかじるのはいいが、根っこまでかじるとお前も一緒に死んでしまうぞ、汚職虫よ」

という意味です。汚職虫とは当然腐敗役人のことです。「敬天愛人」というのは西郷が死ぬまで持ち続けた思想でしたが、それほどかれは、苦しむ人、貧しい人、弱い人が好きでした。ただ、これがかれを破滅へと導きます。

西郷の考え方からすれば、維新後、政府高官におさまったかつての同僚たちが贅沢三昧の生活をしていることに我慢なりませんでした。

「人々を指導する立場にある者は、先憂後楽の考えを実行しなければダメだ。自分が先に楽しみ、民に憂いを先にさせるとは何事だ」

と怒りました。

一方で、多くの旧武士たちは給与（俸禄）が打ち切られ、困窮していました。西郷の征韓論にはこうした旧武士を救うという一面もありました。

征韓論に破れた西郷は官職を投げ出し故郷に帰ります。やがて西南戦争が起き、かれが頭目としてかつぎだされるわけですが、かれ自身はこうした「反乱」を起こそうと思っていたわけではありません。西郷をなき者にしようという政府の企てに激昂《げっこう》した私学校の生徒たちが、政府の火薬庫を襲いました。そして、かれらから、

「どうかわれわれの先頭に立ってもらいたい」

と懇願されたとき、西郷は、

「おはんらに命をあずけよう」

と「意に反して」乗ってしまうのです。「謀略家西郷」だったら、情に流されることなく、つまり、

かれらの懇願を蹴飛《け》ばしたでしょう。さらに征韓論に破れても、次の手を考えたでしょう。

しかし「謀略家西郷」はここにはいませんでした。自分のことを脇に置いて、ひたすら民や困窮しているかつての仲間たちのことをひたすら考える「かつての西郷」がいたのです。

木戸《きど》孝允《たかよし》／ストレスで縮めた命

長州藩士　明治政府内務卿
1833〜77　45歳

逃げる天才

桂小五郎（木戸孝允）は元治二（一八六四）年に二度、命の危機に遭遇しましたが、二度とも難を逃れています。最初は六月五日、池田屋事変のときでした。新撰組が京都三条の池田屋を襲撃し、七人の尊攘派志士を殺し、二十三人を捕縛しました。このとき桂小五郎は、いったんは池田屋をのぞいたものの、まだ同志の集まりが悪いことを知ると、近くの対馬藩別邸に赴いたため、事変に遭遇しませんでした。

当時、桂小五郎は在京長州藩を統括すべき責任ある立場にいました。同日朝、志士の一人である古高俊太郎が新撰組に捕われていたことを知っていましたから、あるいは危険を察知して逃れたのかもしれません。

二度目は七月十九日、禁門の変。池田屋事変による弾圧に憤激した長州藩は、益田右衛門介、福原越後、国司信濃の三家老を先頭に京に攻め上ります。

長州藩は会津・薩摩等の連合軍に敗退し、三家老はもちろん、多くの志士が戦死もしくは自刃します。しかし、桂小五郎は「多数派工作のため」といって戦いには加わりませんでした。局面だけを捉えれば、桂小五郎の行動は正しいのです。危険を察知して藩の進むべき正しい方向を図ったのです。かれは他の志士達に比べて「先」が見えました。過激な猪突猛進の愚を犯しませんでした。

しかし反面、無謀で突出し、失敗した無数の過激な行動の集積が総合されて初めて明治維新が成立したことも歴史的事実です。人々はそのことを本能的に知っています。桂小五郎のところには、だから「人」が集まらないのです。

弟子に見放される

同時代人のなかで、彼は決して人気者ではありませんでした。むしろ、松下村塾時代からただ一人の弟子だった伊藤俊輔（伊藤博文）でさえ、途中からは桂小五郎にはつきませんでした。たしかに明治政府における木戸孝允は、激動の時代を生き抜いた重鎮として尊敬されました。が、「孤独」でした。かれのような人間はストレスが溜まりやすく病気になりやすいのです。かれは明治十（一八七七）年に病気で死にました。それも強度の神経衰弱だったという説もあります。

ストレスの元は何？

それにしてもなぜストレスが溜まるのでしょうか。

まず第一に、木戸孝允は「先」が見えすぎました。先が見えるから、失敗するに決まっている蜂起《ほうき》には加わりませんでした。同志は次々に死んでも、自分だけは安全圏に身を置いているのです。いい加減な人間であれば、なんとも思わないでしょう。しかしかれはそうはいきませんでした。

「おれだけ生き残ってしまった」

「今回もまたおれだけが……」

という自責の念が、かれの心を苛《さいな》みました。ときには、夢の中に斃《たお》れた同志の亡霊が現れることもあったかもしれません。

第二に、生きている友人たちも去っていきました。いつも醒めている人間には、もうひとつ魅力がないのです。正しいから人が集まるのではありません。むしろ、その人の型破りの、どうしようもない点に魅力を感じて人は集まってくるのです。弟子格の伊藤俊輔が去り、

「伊藤もおれのところを去っていったか」

と、いっそうストレスが昂じることになりました。

第三に、いつも逡巡してしまうのです。いくつかの選択肢からある行動をとる、という意思決定のために、今、仮に十個の情報（判断材料）が必要だとします。ところが現実は、必要な情報をすべて得られないまま決断せざるを得ないことが多いのです。すべての情報がそろうのを待っていたら、時勢が動いてしまって、あるいは競争相手や敵が行動を起こしてしまっていて、時機を失してしまうのです。

だから普通は五個か六個の情報を得られれば、それを材料にして決断し「それ行け！」ということになるのです。いや局面が緊迫している場合などは一個か二個の情報で決断せざるを得ないことだっ

てあります。

しかし木戸は、そういういい加減なことができないのです。

「十個とはいわない。せめて六個か七個の情報がそろうまで待ってくれ」

というのです。自然、仲間からは置いてきぼりをくらいます。焦ります。でも決断できません。この逡巡が、ストレスを生じさせるのです。そしてこの逡巡は失敗を恐れる気持ちから生じています。

前原《まえばら》 一誠《いっせい》／融通きかず煙たがられ

長州藩士　明治政府参議、兵部大輔

1834～76　42歳

松蔭のお気に入り

東海道本線に米原《まいばら》という駅があります。北陸本線の起点です。交通の要衝であり古い歴史を有しています。尼子《あまご》十勇士の一人、高瀬城主だった米原綱寛《まいばらつなひろ》はここの出身です。地名を姓としていました。

尼子氏が滅びると、綱寛は武士を捨て「可春斎」と号して和歌を吟じました。子孫は代々毛利家の禄を食みました。その末が佐世八十郎《させやそろう》です。かれは自分の系図を調べて祖先のことを知り、自分の名前を「まいばら」にちなんで前原一誠と後に名乗ることになりました。

二十四歳のとき松下村塾に入りました。松陰はかれをべた褒めしました。

「八十郎は、勇あり、智あり、ことに誠実さにおいて比類ない。その才は久坂玄瑞に及ばず、知識は高杉晋作に及ばないが、その人物が完全であることにおいては、玄瑞も晋作も八十郎には遠く及ばない」

と評しています。師の期待に応えて、八十郎は大活躍をします。

○馬関戦争（長州藩による攘夷実行）に従軍　一八六三（文久三）年
○禁門の変（長州藩が武力をもって上京）で勇戦　一八六四（元治元）年
○奇兵隊を率いて蜂起。藩論を倒幕に導く　一八六五（慶応元）年
○幕府の第二次長州征伐に対して小倉逆襲で戦功　一八六六（慶応二）年
○戊辰戦争において長岡兵を撃破　一八六七（慶応三）年

こうして名も「前原一誠」と改め、明治二（一八六九）年、兵部大輔《ひょうぶたゆう》（陸軍大臣）に任ぜられました。ここまでは負け戦はあっても、それは倒幕への大きなうねりの一環の負け戦であって八十郎の失敗といえるものではありません。むしろ赫赫《かくかく》たる戦果をあげています。いわば実力で勝ち取った陸軍大臣だといってていいのです。

騙されやすし

ところが、かれはその地位をあっさりと投げ出してしまいます。同じ長州藩の木戸孝允と、その腹心井上馨に騙されたのです。ある日、井上馨がかれの許に訪ねてきます。そしてこういったのです。「久しぶりに国元に帰り、藩公にに拝謁してきた。藩公は『近頃、不平士族に不穏な行動が見られ憂慮している。これを鎮撫できるのは前原のみである。ぜひとも前原に帰国してもらいたいものだ』と

仰せられた」

前原一誠は、吉田松陰が評した如く誠実の人です。一級品の人格者です。人を疑うということを知りません。かれは井上馨のいうことを信じました。ただちに陸軍大臣を辞職し長州に帰りました。ところが藩公に目通りをしたところ、井上の嘘がわかりました。藩公はそんなことはいっていなかったのです。

しかし、これは前原一誠ならずとも、いったん出した辞表を撤回することはできません。切歯扼腕《せっしやくわん》しましたが、後の祭りです。明治四（一八七二）年のことです。前後して、前原の同志広沢真臣《ひろさわさねおみ》が自宅で暗殺されています。犯人はわかりませんでしたが、木戸一派の陰謀だという説があります。

政治家に不向きな人

なぜ木戸一派は前原を除こうとしたのでしょうか。それは前原の一途さ、マジメさが煙たかったのです。たとえば、奇兵隊の反乱に対する鎮圧方法です。明治政府は維新のための戦争が一段落したとして明治二（一八六九）年に奇兵隊の解散を命じます。これに、軍功に対する恩賞を得られるどころか、弊履《へいり》の如く捨てられることを知った元下級武士や農民たちは蜂起します。木戸はこれを武力鎮圧し、しかも降伏した兵も片っ端から惨殺するのです。このとき前原は説得による平和的解決を主張し、木戸と激しく対立します。前原は誠実一途ですから「仕方がない」と引き下がることはしません。

「木戸の処置は間違っている」

と高言します。木戸にしてみれば、長州の反乱が長引けば、新政府内における長州閥の発言力が低下します。現に西郷隆盛からは、

「兵を貸しましょうか」

といってきているのです。しかし、兵を借りるなんてことはできません。木戸は焦って自力で反乱軍を蹴散らします。長州の奇兵隊に限らず、維新に功があった諸隊は解体し、新たに徴兵制を布いて近代的な兵制を整備すること、これが木戸の考えでした。

「功に報いるなどと悠長なことはいってられない。列強に並びうる近代的軍隊の整備こそ急務である」

と木戸は考えていました。そのためには誠実一途な前原は邪魔だったのです。前原の失敗でした。でも、本来、失敗はひとつの体験に過ぎません。

「失敗したか、騙されたか。よし、もう騙されないぞ」

と思えばいいのです。誠実一途の人生路線に多少の修正を加えればすむことです。自分が誠実だからといって相手が誠実とは限りません。前原は貴重な体験をしたのです。

今までは革命家、それも戦争指揮者としてきわめて有能でした。これからは優れた政治家になればいいのです。時代もそれを求めています。

明治政府もいつまでも前原を放置しておくわけにはいきません。不平士族が前原をかついで反乱を起こすかもしれないのです。現に、その後、何度か政府から迎えがきました。

しかし前原は政治家になりきれませんでした。一八七七（明治一〇）年、前原は挙兵しました。萩の乱です。もちろん名分はありました。

○地租改正（一八七四年）は五公五民というべき重税で農民が苦しんでいる。

○ロシアに樺太全島を与えたのは軟弱外交である（一八七六年）。

○政府高官は徒らに私党を組んで反目し合い、政令が互いに矛盾し合っている。
○全国四十万の士族が困窮している。不平をいえば「武力討滅する」と政府は公言している。これでは大乱になる。
○政府当局者が、豪商と結託して私利を得ている。
○征韓の議を退けて東亜百年の大計を誤った。

これらの中には世の共感を呼ぶものもあります。しかし、いかんせん、この時期において散発的な蜂起が成功するはずがありません。結局、前原は敗れ、捕らえられて斬られました。四十二歳でした。

惜しむらくは、一度騙された失敗を後の人生に生かすことなく、正論を吐くのみで単調に突進してしまったことです。その誠実さを明治の新しい政治に反映させることができなかったのです。

江藤《えとう》　新平《しんぺい》／カッコ良過ぎた

1834〜74　40歳

佐賀藩士　明治政府参議、文部大輔、司法卿

外見にこだわり自分を見失う

佐賀の人は名誉を重んじます。

「教科書に『佐賀の乱』と書いてあるが、あれは『乱』ではない。『佐賀戦争』と改めるべきだ」

と文部省に申し入れしたのは佐賀の人でした。

ＮＨＫの朝の連続ドラマ「おしん」で、主人公のおしんを「嫁いびり」している意地悪な姑が「佐賀県人」という設定でしたが、

「佐賀のイメージをこわすから止めてくれ」

とＮＨＫに抗議したのも佐賀の人でした。

人がその行動を決定する要素のひとつに、

「こうすべきだ」

という基本的な要素に加えてもうひとつ、

「こうしたら他人にどう思われるか」

という要素があります。

「こうするべきだ、こうしたい」

と思いながらも、

「そうしたら、他人に悪く受け取られる」

と思って見合わせるということもあります。

この外見へのこだわりが、犯罪を防止し、社会のよい意味での秩序を維持する効果をもたらす分には、それなりに有益であるかもしれません。しかし、外見にこだわるあまり、自分を見失ってしまっては元も子もありません。

少し変わった奴が伸びる

またいいカッコばっかりして、いつもよい子になっていれば、世の中が生きやすいかというと、必ずしもそうではありません。いい例が、会社でいつも、

「ニコニコ、ハイハイ」

「けっこうですよ、はいどうぞ」

などとスムーズに人を受容しているとどうなるでしょうか。

面と向かっては、

「君は人当たりがいいね」

とか、

「課長さんがいい人なので助かります」

といわれても、実際は甘く見られていることが多いのです。

「あいつはなんとかなるから、先にほかの奴と話をつけておいたほうがいい」

と軽んじられるのが関の山なのです。

「聞いてなかったよ」

とゴネる人のほうが、内心、イヤな奴だ、と思われながらも、

「あいつはうるさいから話をつけておいたほうがいい」

ということになって、情報も早く入るようになるのです。それが現実です。

日本の社会では何かと協調性が要求され、それに欠けると集団から排除されるという旧習がありま

した。今でこそ排除されても平気な人が増えてきましたが、江藤新平の育った、かつての佐賀は、ことのほかその傾向が強かったのです。

正義の人

幕末の佐賀は、他の藩との交流さえ禁ずる二重鎖国状態でした。そのなかで武士たちはただただ文武両道の秀才教育を施しました。「全藩学校」といった雰囲気で、試験に落ちれば家禄を減らされる制度までありました。

藩主鍋島閑叟《なべしまかんそう》は『葉隠《はがくれ》』だけでなく物理化学も奨励し、洋式兵器も充実させました。だから佐賀藩は明治維新には出遅れましたが、上野彰義隊をアームストロング砲で討滅するなど、近代火器を駆使することによって「薩長土肥」維新政府の一角に食い込むことができました。

江藤新平は、その秀才教育主義のホープでした。政治とは何か、行政とは何かをよく学び、よく知っていました。江戸城無血開城のとき、西郷隆盛は農業に関する書類を探し、海江田信義《かいえだのぶよし》は金銀の所在をたずね、江藤新平は政治関係の書類と帳簿類を集めたといいます。この逸話には三者の性格がよく表れています。

玉石混交の維新政府にあって、江藤新平はひたすら近代国家の整備に努めました。ドイツ一辺倒だった日本の法制にフランスの自由主義を持ち込みました。日本の民法は江藤が持ち込んだフランス民法が基本となりました。

○穢多非人の呼称を廃止

○娼妓解放

○華族・士族の職業選択の自由化
○アヘン売買の禁止
○海外への人身売買の禁止
○墨刑（額に入墨する刑）の廃止
○女人登山禁制の撤廃
○役人の俸禄を石高から金銭月俸制に

さらに江藤は司法卿として、貧富・貴賤を問わず、平等に人を扱う司法の実現に努力する一方、大蔵省や陸軍省の汚職を容赦なく追及しました。江藤は市民の権利、すなわちルソーに始まる人間の権利を何よりも日本で尊重したいと願いました。

ここまでの江藤は実にわかりやすいと思います。私腹を肥やすのに汲々としている維新政府の閣僚らのなかで、江藤はマジメ人間、秀才エリート官僚として国家の近代化政策を推進し、しかもその多くは民主主義的なものでした。いわば、正義の味方でした。

カッコ悪いことはいえない

問題は征韓論に敗れて下野してからの江藤の行動です。このときは西郷隆盛、板垣退助、後藤象二郎、副島種臣らが下野しました。

江藤は東京でゴロ寝しているか、かねてよりの懸案であったヨーロッパ視察でも行けばよかったのです。なのに、不平士族が集まって今にも暴動を起こしそうな佐賀に「帰る」といい出したのです。

そして、板垣退助、大隈重信、後藤象二郎らが止めたにもかかわらず、江藤は、

「佐賀の不満を鎮める」

といって帰ってしまったのです。戊辰戦争に乗り遅れたから「征韓」で一旗あげようと血気にはやる旧士族群の真っ只中に入って、郷士の生んだ「ホープ江藤新平」が、

「忍べ、がまんしろ」

と、かっこ悪いことがいえるはずがありません。

そして誰もいなくなった

私は江藤の胸の底にひそむ学者性がそうさせたのではないかと思っています。権勢に追従する者が最もバカにされる土地柄です。

案の定、江藤は、不平士族の不満を鎮めるどころか、

「もう議論の余地はない。機先を制しようではないか」

と、逆に決起の弁をぶってしまったのです。

たしかに薩摩や土佐も後に続くという思惑はありました。しかし、かれらは「時期尚早」といって、続きませんでした。

それから二か月後、江藤は憎い大久保利通の命によって首を斬られ、晒《さら》し首にされました。冷静な大久保が、日本の刑法になかった梟首《きょうしゅ》を適用するほど、かれは江藤を憎んでいました。というか、新政府にとって江藤が邪魔だったのです。

江藤の精神的脆さは、カッコ悪くとも隠忍自重《いんにんじちょう》することができなかった点にあります。明治政府には、江藤ほど有能で識見豊かで機略にも富み、私欲のない、しかも「近代」というものをよく理解す

る閣僚はいませんでした。かっこ良すぎるのです。それだけに余計自分を大切にすべきでした。
ただ、乱が失敗に終わった後のかれは、見苦しいものがありました。兵が次々に捕らえられている
とき、かれは脱走しました。最初、西郷隆盛に助けを求め、断られると、こんどは四国に渡りました。
吉田茂の祖父にあたる土佐藩家老竹内庄右衛門にも泣きついたともいわれています。結果は誰からも
匿《かくま》われることはありませんでした。

広沢《ひろさわ》 真臣《さねおみ》／自負心がジャマに

長州藩士　維新十傑のひとり　1834～71　37歳

勝海舟を翻弄

自己の主張にこだわり失敗したのが、長州藩士広沢真臣《ひろさわさねおみ》です。維新前後ににわかに頭角を現してきた人物です。とくに幕府が長州尋問使を派遣し、長州藩の違約を責めた時、その相手になったのがかれでした。

かれは若い身でありながら、宍戸某と家老の名前を偽称し、永井主水正達幕使を煙にまきました。和平特使として派遣された勝海舟も、この広沢には煙にまかれています。

こういう事情もあって、広沢は維新政府で高官になりましたが、同じ藩出身の木戸孝允と仲が悪かっ

たのです。このころの木戸孝允は「ばあさん」と呼ばれ、その決断力のなさ、優柔不断さが評判になっていました。

これにひきかえ、広沢は論理明快に決断を重んじ、なんでもてきぱきと処理しました。だから当然木戸とは合いません。木戸は「遅れてきた青年」広沢のこういう出過ぎた振る舞いが癪《しゃく》にさわって仕方がありません。

敵をつくった自負心

討幕の志士という立場からすると、広沢より木戸孝允のほうがはるかに先輩であり、また生死の危難を何度もくぐってきています。にもかかわらず、広沢は、新政府において、木戸を凌駕《りょうが》するような行動にたびたび出ました。とくに佐賀の江藤新平と仲が良く、ことごとに江藤と組んでは木戸に対立するような挙に出ました。

広沢は、明治四（一八七一）年一月八日、九段の家で殺されます。この事件は謎が多く、そのとき同衾していた広沢の妾が情夫を引き込んで広沢を殺させたということになっていますが、事実ではないでしょう。木戸が企んだ暗黒事件が色濃いのです。

広沢は学者性が強かったために、明快な論理に執着しました。そして、明快であるだけに、自己の論理に過ちはないという自信をもっていました。この自負心が敵をつくり、特に大先輩である木戸を敵に回してしまったのです。

木戸は執念深く、また根気強く物事を運ぶようになっていました。かれは若いときからそうで、池田屋事件とか禁門の変とか、いくたの危難に遭遇しながらも、その度に生き残って、ついに明治の元勲にまでたどりついたのは、すべて木戸自身の深層にある根気強さに基づいています。

根気強いということは、事に面して容易に決断しないということです。ある意味の優柔不断さが表に出るということです。だから「ばあさん」といわれてしまうのです。しかし、広沢と木戸との抗争は、結果として「ばあさん」の木戸の勝利でした。広沢もまた、直情径行で、マジメ人間特有のこだわりを捨てられない人物であったがために、あたら暗殺されるという憂き目にあったのです。

雲井《くもい》 龍雄《たつお》／夢を見るのもいいけれど

1844〜71　27歳
米沢藩士　集議院議員

目指すは共和政体

学者性を発揮して、理念追求をあくなき行動に示した人間に、米沢の雲井龍雄《くもいたつお》がいます。本名は小島守善です。

米沢藩士といっても、かれは原方衆《はらかたしゅう》と呼ばれる一種の屯田兵でした。米沢藩は上杉謙信以来の名門ですが、封地が減らされても藩士を減らさなかったので、多くの藩士が城下町に住めませんでした。

身分の低い者は、城から遠い原方に住んで自ら土を耕し、開墾作業に携わりながら自給自足の生活を余儀なくされました。城下町に住む身分の高い連中は、こういう身分の低い層を「原方のクソつかみ」と蔑視しました。

明治維新のひとつの原動力は藩内差別にありますが、米沢藩はこういう藩内差別がありながら、必ずしも維新の主役にはなりませんでした。あるいは東北という地理的条件が災いしたのかもしれません。

そのなかで、雲井龍雄は果敢に維新に自分の抱く理念を投入して一つの夢を描きました。かれは過激な思想家ではありましたが、武力変革派ではありませんでした。つまり暴力革命によって徳川幕府を倒そうとは考えていませんでした。

むしろ、各藩の優秀な人材が身分を問わず参加して、現存する徳川幕府を共和政体に変えていこうとする、いわば構造改革派でした。

その路線が大政奉還によって実現され、かれは朝廷に召されて新政府の一員になりました。しかし、新政府は間もなく武力討幕に踏み切り内戦を起こします。

薩摩の陰謀に公憤

京都にいてこういう状況を見ていたかれは、これがすべて薩摩謀略であると見ました。雲井の薩摩を憎む気持ちは次第に募り、詩人でもあるかれは、同時に激情家でもありましたから、その憎しみは最高に燃え上がりました。

かれは新政府の中にいながら、何度も「薩摩を糾弾する意見書」を書きました。そして、それを政府の高官たちに次々に見せました。詩人の特性である「人を疑わない」という気質がゆえの行動でした。

一時、長州藩の一方の頭目である前原一誠が、雲井のこの意見書を支持したといいます。前原もまた、薩摩横暴を憎んでいたに違いありません。このころになると、新政府内での藩閥の主導権争いは熾烈化していましたから、とても雲井龍雄のような詩人が考える純粋なものではありませんでした。もっと生々しく、ドロドロした権力争いが展開していたのです。

疑うことを知らない純粋人間

雲井のようなタイプの純粋な人間は、人の不潔、汚れ方がとても許せません。特に雲井の見た薩摩は、この汚れの塊でした。次々と打つ薩摩の手はすべて人を陥れる謀略であり、その謀略を駆使しながら天下を思いのままにしている、と見えたのです。

薩摩こそ戦後期の梟雄《きょうゆう》でした。雲井にとって、西郷隆盛などは、美濃の斎藤道三のように見えたかもしれません。あるいは松永弾正のように見えたのかもしれません。

雲井はその詩的精神を新政府転覆という形で示しました。すなわち、旧幕臣たちを集めて、

「幕臣の中でも尊皇心を抱いている者は新政府に登用すべきである。その一次審査を行う」

と称して、旧幕臣点検所を設けました。しかし、それは単なる点検ではなく、明らかに武力によって新政府を覆そうという軍の組織でした。詩人だけにかれの計画は極端でした。

「武力によって東京を占領する。藩閥の大官は全部殺す。そして旧幕時代に戻す」

ということを標榜しました。アナクロニズムです。雲井は、本気でそれを実現しようとしました。が、この計画はすぐにもれました。かれがあまりにも無警戒で、人を信じすぎたからです。かれは捕えられ斬首されました。反逆罪に問われたのです。国家反逆罪第一号でした。殺された時、かれはまだ二十七歳でした。

雲井はマジメで詩人であっただけに、その学者性は純化され、胸中で純粋培養されました。純粋培養された信念は、ひとつの物指しにとなって世の中の醜さをよけい醜いものと見ました。ことに、その元凶が薩摩藩でした。

薩摩藩をいったんそういうふうに見てしまえば、視座が固まります。視座を固めてそういう目で見れば、そうでないこともそう見えてしまいます。

また、そうであったとしても、人が「一」感じるところを、かれは「十」感じました。十倍にも二十倍にも薩摩が悪く見えたのです。そこで薩摩憎悪は日々高まり、ついに新政府転覆というところまでいってしまったのです。

心情的には十分肯けるものがあるし、また、こういうマジメ人間、詩人人間が政治の分野で、政治の世界の汚濁の浄化装置あるいは抑止装置になっていることも確かです。

そういう歯止めがなくなったとき、政治は無限に堕落していきます。その意味で雲井龍雄の存在は大きかったのですが、残念なことに、かれ自身は、若くして命を断たれ、志を果たすことはありませんでした。

相楽《さがら》　総三《そうぞう》／意固地も過ぎると命取り

1839〜68　30歳
赤報隊隊長

西郷が仕組んだ御用盗事件

赤報隊の相楽総三《さがらそうぞう》は、雲井龍雄に似た生き方を貫きました。相楽総三すなわち小島将満は奇しくも雲井龍雄（小島辰三郎）と同姓でした。

かれは下総の北相馬地方も富豪の息子に生まれました。そして、生家からもたらされる潤沢な資金を使い、多くの志士たちを援助しました。そのために、かれは単細胞の連中からは「名士」として仰がれました。西郷隆盛と知り合い、御用盗事件の首魁になりました。

御用盗事件とは、慶応三（一八六七）年十二月、大政奉還後、再び徳川慶喜や旧幕府に懐旧の念を寄せる世論に、政局の一挙転回をはかった西郷が諸国の浪士を集めて、江戸で強盗を働かせた事件です。強盗たちは堂々と三田の薩摩藩邸に帰って行きました。

江戸市中には、御用盗の巣は三田の薩摩屋敷だ、という噂が広まり、御用盗もこれを否定しませんでした。そこで幕府は、フランス人将校ブリューネの助けを得ながら、突如、薩摩屋敷を襲撃したのです。これが契機となって、大坂城にいた幕府軍が一斉に行動を起こし、討薩を標榜して御所に攻め上ろうとしました。これを阻止しようとする薩長の兵と激突し、鳥羽伏見の戦いが始まったのです。

御用盗事件は、意識的に行われた幕府挑発の謀略でした。その主は西郷隆盛で、行動の指揮官が相楽総三でした。御用盗の責任者は薩摩藩の益満休之助が自ら名乗り出て、幕府の捕虜になりました。そして益満は勝海舟に預けられ、後に山岡鉄太郎とともに江戸開城の下交渉に出かけたことは有名です。

マジメの終着点が死

一方、相楽は京都に逃れ、京都から官軍先鋒隊として赤報隊を組織し、西郷の黙認のもとに、沿道の年貢を今年は半分に減らす、と唱えながら、中仙道を進軍していきました。が、その後、政府の事情が一変しました。

というのは、軍費の調達ができなくて、政府は一挙に財政難に陥ったからです。越前藩の由利公正が資金調達に奔走しましたが、思うように政治献金が集まりませんでした。まだ、大商人がことの成り行きを静観していたからです。

そこで邪魔になったのは、赤報隊が唱える「年貢半減」の布告でした。政府はこの布告をやめさせようとしました。相楽は政府からの「年貢半減の布告を止めろ」という通達に抗議しました。

「いまさら取り消せるか。年貢半減は新政府の措置としては正しい。そうすることによって、国民は新政府になびくだろう。おれは依然として年貢半減の布告を続ける」

と突っぱねました。これが政府を怒らせました。相楽は呼び出され、詰問されました。このころ、西郷はもう出てきません。不承不承、相楽は諏訪の本陣に戻り事情を隊士たちに伝えました。隊士たちは激昂しました。

「われわれを使うだけ使っておいて、いざとなればそういうふうにひっくり返る。政府は信用できない」

と口々に怒りました。

そこへ岩倉具視の倅、岩倉具定《いわくらともさだ》を総督とする東山道総督軍が到着しました。そして突然相楽を呼び出し、部下と共に諏訪大社の杉の木に縛りつけ、冬なのに、雨に打たれるのにまかせました。そして下諏訪にある刑場でかれらを処刑したのです。相楽は、

「西郷さんに会わせろ」

と最後まで叫びましたが、官軍はせせら笑うだけでした。そして、ろくな裁判もせずに相楽たちを殺してしまったのです。西郷は処刑を黙認しました。これは維新の汚点のひとつです。

財政難から収斂された新政府の行動は、それなりに事情はあったでしょう。が、赤報隊や相楽総三たちにとっては聞こえない話です。

「そうしろ！」

といわれたから、そうしたのであって、それをいまさら取り消せというのは理不尽な命令でした。しかし、相楽総三たちはニセ官軍のレッテルを貼られて処刑されてしまったのです。

相楽総三にはほかに道がなかったのでしょうか。

わたしはあったと思います。しかし、そういう柔軟な態度をとって新政府のくるくる変わる方針に従うことは相楽の性格上できなかったのです。相楽もまた学を究めた学者です。したがって、その深層心理には純粋な精神があります。雲井龍雄と同じです。いちど布告したことを、すぐに取り消して、

とくに民を騙すという行為はできませんでした。

年貢半減ということは新政府の性格を表すといってもいいのですが、それをいきなり出して、すぐに引っ込めるということは、新政府に「信がおけない」という印象を国民にもたせることになります。総三の考えはそういうことでした。

だからかれは、新政府の「年貢半減令取り消し」に強く反対したのです。政策的に反対しただけではなく、かれは、そういうことは人間として信がおけないという基本理念をもっていたからです。そうさせたのは、相楽総三のマジメな性格であり、同時にまたその学者性でした。それを貫いたために、かれもまた自ら命を失わなければなりませんでした。

小栗《おぐり》　忠順《ただまさ》／信念が生んだ誤解

幕臣　勘定奉行　江戸町奉行
1827〜68　41歳

可愛くない秀才

小栗忠順《おぐりただまさ》こと小栗上野介は幕府の開明的官僚でした。大変な秀才で十七歳のときに登城し、有能な藩士が起用される両御番になります。あまりの率直な物言いをするので、度々外されますが、かれをしのぐものはいないということで、すぐに戻されました。

安政七（一八六〇）年にアメリカに行ったときは、あまりにも堂々としていたので代表と勘違いされたという逸話まで残っています。

幕末、勘定奉行だったかれは、フランスと手を組んで、イギリスと手を組んだ薩摩と対抗しました。近代日本で長く機能を発揮した横須賀の造船所は、小栗がフランスから技師を呼んで造ったものです。幕府最後の勘定奉行を務めてその才能を遺憾なく発揮しました。

しかし、時世の流れがすでに滔々と官軍に利しているときに、榎本武揚《えのもとたけあき》、大鳥圭介《おおとりけいすけ》、水野忠徳《みずのただのり》らとともに、かれはあくまでも徹底抗戦を主張しました。このときの小栗の案を後に聞いた大村益次郎《おおむらますじろう》は、

「その策が実行されていたら、我々の首はなかっただろう」

といったといわれています。その案とは、

「薩長の軍隊が箱根を降りてきたところを、幕府の陸軍で迎撃し、幕府艦隊を駿河湾に入れて、艦砲射撃で補給部隊を壊滅させ、補給路を失った薩長軍をつぶす」

というものでした。この案は、徳川慶喜から退けられ、小栗は御役御免となります。

学者性ゆえの悲劇

下野したかれは、自分の領地である群馬県の小村にたくさんの荷物を引きずって戻って行きました。権田村です。その光景を見ていた連中は、

「小栗は幕府の軍資金を持ち逃げした」

と噂しました。これがいまも日本最大の埋蔵金として夢を追う人を絶やしません。「小栗上野介の赤城山の埋蔵金」です。もちろん、小栗は軍資金を持ち出したのではなく、かれが持ち出したのは洋

書でした。また多少の西洋武器でした。

権田村に戻ったかれは、晴耕雨読の生活を送り始め、完全に隠退の姿勢を示しました。しかし、先の軍資金持ち逃げの噂を聞いた官軍は、小栗上野介を襲いました。そしてかれがもっていた西洋の武器を発見すると、

「小栗上野介は官軍に抵抗するため軍備を整えている」

という罪過を科したのです。権田村の中を流れる烏川のほとりでかれは斬られました。

現在、蜷川新博士の揮毫した石碑が烏川湖畔に建っています。

偉人　小栗上野介　罪なくてここに斬らる

小栗が生涯の終末において徹底抗戦を唱え、徳川慶喜から退けられたのは、マジメさゆえです。かれは時の流れがよく見えていました。しかし、時の流れを知りつつ、どうしても自己の信念を貫かざるをえませんでした。学者性ゆえでした。

学者性が損だとわかっていても、そういう行動をとらせるのです。小栗上野介も自己の信念に忠実に生きました。しかし、それであるがゆえに斬られてしまったのです。

同じ幕臣だった勝海舟はかれのことを、

「大局達観の明無し」

「三河武士の長所と短所をそなえていたが、度量が狭かった」

と評しています。実際はどうだったのでしょうか。

川路《かわじ》 聖謨《としあきら》／主義にこだわり主義に負け

幕臣　勘定吟味役　佐渡奉行
1801〜68　66歳

交渉の達人

幕臣、川路聖謨《かわじとしあきら》は、ロシアとの外交交渉に手腕を発揮しました。当時、ロシア大使プチャーチンの供をしてきた作家ゴンチャロフが、

「川路はロシア語はわからないが、その頭の良さとユーモアで、われわれをちょろまかせた」

と書いているように、日露交渉は川路の独壇場でした。

いっぽう、対米条約は、高圧的態度に出てきたペリーの策略にまかされて、日本はかなり不利な条約を結ぶことになりました。川路はあまり騒がずに自分の責任でうまくロシアをごまかしたのです。しかし、そういう川路の努力は世間ではあまり評判にならずに「大変だ、大変だ」と騒いだアメリカ組のほうが一躍脚光を浴びてしまいました。

この手の話はよくあります。「大変だ、大変だ」と騒ぐ奴が得をして、自分の責任で、

「こんなことは自分に与えられた職責だ。上にいちいち相談しないで、また周りの者に迷惑をかけな

いで、自分の責任でやり遂げよう」

と考え、そのとおり実行する人間が馬鹿を見ることがあります。川路はそのひとりでした。

生き残る道を選ぶべきだった

開明的で世界の事情にも明るく、また鋭いユーモアをもった外交能力をもつかれは、江戸城が落城した日、ピストル自殺をしています。日本のピストル自殺第一号ともいわれています。かれはそのとき病気で、すでに腹を切る力を失っていたのです。しかしかれがピストル自殺をしたというのは、かれ自身が武士であったことを何かに向かって明示する行為であり、かれ自身は腹を切るのと同じ行為をしたのです。

幕府が倒壊する日に、かれは潔く死を選びました。生き残って、勝海舟や榎本武揚、大鳥圭介らのように、維新政府の高官になるという道は、かれには想像もつかなかったのです。小栗にしても川路にしても学者性を貫き、それを自らの命をもって守り抜いたということはできますが、果たして賢明な生き方だったのかどうか。

ユーモアとウィット

こうした頑な側面をもつ川路ですが、ユーモアもあわせ持っていました。川路が勘定吟味役だったとき、老中大久保忠真にこんな書状を書いています。川路の大久保評です。それによると、

「(大久保は)何でも自分で判断し部下にまかせない。政策案も他の意見を聞かずに自分で書いてしまう」

と記したうえで、こういっています。

「日常生活も遊山もまったくせず、その生き方はまるで弛みのない、張り切った縄のようだ。それでは縄もすぐ切れます」

また日露和親条約を結ぶ際、川路と交渉したゴンチャロフは川路について次のように述べています。

「(川路の)その一語一語、まなざしの一つひとつが、そして身振りまでが、すべて常識とウイットと、炯眼《けいがん》と練達を示していた」

この交渉では、国境を確定させたが、樺太については「どっちの国にも属さない」という注目すべき決定がなされています。当時の樺太にはアイヌ、ロシア、黒龍江沿岸の諸民族、満洲や朝鮮の人たちも住んでいたからです。「いまのままにしておこう」ということでゴンチャロフと川路は合意したのです。こういう発想、いまの世界にほしい気がします。

中岡《なかおか》 慎太郎《しんたろう》／信念に忠実すぎ自家撞着

1838～67　29歳

土佐藩士　陸援隊隊長

龍馬と仲が悪かった？

マジメな人は、

「自分がそうだから、説得によって他人もそうなることができる」

と思い込みがちです。それは、他人の可能性を信じているというよりも、むしろ自己の能力を過大評価しているといったほうがいいと思います。

中岡慎太郎もその一人でした。土佐の郷士で、坂本龍馬とともに慶応三（一八六七）年十一月十五日に近江屋で斬られました。

かれは、坂本龍馬と同志であったという評価が一般的ですが、実は間違いです。中岡は決して坂本の同志ではありません。坂本龍馬は共和路線を歩みます。いわば大政奉還派です。中岡は違いました。かれはあくまでも「武力による討幕」です。

中岡は戦争の効用を信じていました。

「日本人は、内乱を起こして流血の痛みを経験しなければ、この国はひとつにまとまらない」

という哲学をもっていました。そのために、かれはあくまでも武力によって幕府を倒し、戦争を展開しなければ、日本は新しく生まれ変わらないと信じていました。

二人が暗殺された日は、このまったく相異なる二人の意見が激突した夜でもありました。中岡は政局の展開が坂本の思うように平和裡に進むのを見て、

「このまま放置すると、再び徳川慶喜や旧幕府が勢いを増してくる」

と見ました。そうなると、風見鶏の各藩主がどうひっくり返るかわからない。新政府にとって、かなり危険な状態だと判断しました。そこで、平和派の元凶である坂本龍馬を説得し、なんとか武力討幕派に引きずり込もうとしたのです。

したがって、この夜の話し合い、いや話し合いなどという穏やかなものではなく、凄まじい怒鳴り

合いがあったに違いありません。そのために、二人は刀を遠ざけて議論をしました。刀をもっていれば、たちまち斬り合いになったかもしれません。しかし、皮肉なことに、刀を遠ざけたために、二人とも刺客に簡単に殺されてしまったのです。

龍馬許さず!

中岡慎太郎は硬骨感であり、自己の信念に忠実でした。かれには龍馬のような柔軟さがありませんでした。武力討幕が正しく、戦争による日本変革を信じるかれは、どうしても自己の信念を貫くこと以外の生き方を選べませんでした。最後まで一貫して、かれは戦争による効用という視点から行動しました。

京都白河においた土佐陸援隊は、万一、戦争になったときのかれが率いる土佐軍でした。土佐藩は坂本龍馬の説に与して、藩主山内容堂以下、後藤象二郎まで大政奉還派に走りました。

中岡はこれが気に入りませんでした。そこでかれは坂本龍馬説得に出かけたのです。しかし、それがかれの命取りになってしまいました。二人が遭難したとき、坂本の死は必ずしも喧伝《けんでん》されませんでした。むしろ、この段階で死が悼まれたのは中岡のほうでした。それは、新政府が討幕派によって占められていたからです。

事件直後にいち早く駆けつけたのは、谷干城《たにたてき》を頭目とする土佐陸援隊の面々でした。かれらは中岡の心酔者で、坂本を憎んでいましたから、坂本の死体は放り出され、中岡の死体にとりついて涙を流しました。

武力討幕派によって成立した新政府が、二人の死のうち、二人の思想を分けてどっちをどう扱ったかは自明の理です。

ところで、坂本龍馬が有名になるのは、明治も三十年代になってからです。それも昭憲皇太后がある夜、「坂本の夢を見た」という怪しげな話が基になっています。それは土佐藩の坂本系の人物がそういうことを仕掛けて、ＰＲしたためでした。

それまで坂本は無名の志士でした。無名であった原因は、あくまでもかれが平和裡に日本政体の変革を策していたからです。中岡慎太郎は、

「おれがそうだから、他人も必ずそうしてみせる」

という自信をもって臨んだのですが、坂本龍馬を説得することはできませんでした。龍馬はその深層心理において、絶対にこれだけは譲れないという姿勢が、

「平和裡に革命を起こす」

ということでした。が、結果として龍馬の理想は、武力討幕、すなわち王政復古によって消えてしまいました。明治政府は一路、中岡慎太郎の日本内戦路線を突っ走ったのです。中岡慎太郎の思想は、死して後に幕軍を走らせたといっていいでしょう。

徳川《とくがわ》　家茂《いえもち》／死期を早めた柔軟性欠如

1846〜66　21歳
徳川第14代将軍

公武合体を推進

柔軟性がないと、自己を取り巻く状況に振り回されて、ついには命まで失うことになります。それが第十四代将軍徳川家茂《いえもち》でした。大老井伊直弼が行った安政の大獄の、いわゆる「将軍相続事件」の一方の中心人物でした。

家茂は紀州藩主でした。まだ少年でした。それを井伊直弼は、開明派が推す一橋慶喜を退けて、

「将軍は能力が問題なのではなく、血筋が問題なのだ。亡くなった将軍に近い血をもつ人物こそ、われらが将軍と仰ぐべきである。血の筋さえ近ければ、能力なんかなくてもよい。実際の政務はわれわれが執ればよいのだ」

といって、紀州藩から無理やりに十四代将軍に迎えた人物です。

徳川家茂はマジメ青年でした。そのために、あれだけの混乱した政局のなかで、京都の孝明天皇の妹和宮をもらい、天皇と手を組んで公武合体の実をあげました。孝明天皇はこの義弟を愛し、

「家茂が私の弟である限り、私は決して倒幕などということは考えない。幕府と仲良くやっていく」

と宣言しました。このため長州藩その他攘夷討幕派が次々と都を逐われました。ところが、慶応二

（一八六六）年の暮、孝明天皇は急死します。この死は岩倉具視など討幕派による毒殺だといわれているのも、そのへんに原因があります。

慶喜並みのずるさがあれば

徳川家茂はこういう状況のなかでわずか二十一歳で短い生涯を閉じてしまいます。それはかれが病弱であった以上に、混迷する政局がかれの能力を超えて、その責任が重くのしかかっていたからです。かれはノイローゼになり、ついに身体をこわして死んでしまいます。

生き残った和宮《かずのみや》が徳川家のために何度も何度も京都朝廷に願書を出して、江戸を戦火から救ったのは有名な話です。江戸が戦火から救われたのは勝海舟だけの功績ではありません。和宮の涙を込めた嘆願書が征東総督であった、かつての許婚有栖川宮熾仁《ありすがわのみやたるひと》の胸を打ったこともあったのです。

家茂が徳川慶喜のような、ずるくて柔軟な政略性をもっていたならば、もっと長生きできたでしょう。家茂はまっすぐな人間であり、胸の底に純粋培養した精神をもっていたから、その純粋な精神に殉じたのです。あたら二十一歳の生涯で、なんのいい目を見ずに、倒幕前夜に黄泉の国に旅立ってしまったのです。

武市《たけち》　半平太《はんぺいた》／至誠が招いた悲劇

1829～65　35歳

土佐藩士　土佐勤王党盟主

藩主をも緊張させる

維新土佐勤王党の盟主、武市半平太《たけちはんぺいた》。身長六尺、眉は濃く、眼は輝き、鼻筋は通り、声は高く大きく周囲を圧する存在でした。「瑞山《ずいざん》」という号をもっています。半平太は通称です。藩主山内容堂は、酒と女と詩を愛し、自らを鯨海酔侯《げいかいすいこう》と称する遊び人でしたが、半平太と会うときは居ずまいを正して望んだほどです。

そんな半平太ですから、土佐の郷士たちが維新土佐勤王党を結成すると、その盟主となります。しかし、その活躍はわずか二年でした。文久二（一八六三）年八月十八日の政変で、尊王攘夷運動が後退すると、たちまち容堂によって捕らえられ、結局は切腹させられてしまいます。

同じ土佐出身の坂本龍馬、中岡慎太郎、後藤象二郎らが八面六臂の活躍をして、歴史にその名を残したのに、人格・識見・徳において抜きん出ていた半平太がこのような目にあったのはなぜでしょうか。

幕藩体制から抜けきれず

半平太は獄中書簡でこう嘆いています。

「なぜ投獄されたのか。まったくわからない。山内侯のお供をして京に上ってからは、その殿の命令により、ただ一筋に殿のために働いてきた。宮様はじめ、公卿、大名、諸国の志士と夜昼の区別もなく会見し、種々の御用を勤めたが、これは私の間違いだと思うようなことはひとつもない。京都で三条実美様と特別懇意にしていたが、政変で三条様が追放されたのに伴って、私もこんな目にあうのだろうか。まだ一度も取り調べもないので、さっぱりわからない。数百年の御恩に報いたく、殿様から格別の御懇命をいただき、水火もいとわぬ心構えなのに、残念だ」

容堂は勤皇派の伸長という時勢下で半平太を重用し、都合が悪くなったから半平太を捨てたのです。それなのにまだ、半平太は容堂を捨て切れないのです。

「何が殿様だ。おれを使い捨てにしやがって」

と反発するしぶとさが半平太にはないのです。騙されても、騙されてもヒモに貢ぐ女には可愛らしさと自己陶酔による、それなりの歓びがありますが、半平太は革命党の領袖なのですから、それでは困るわけです。

龍馬や慎太郎は藩の呪縛にさっさと見切りをつけて脱藩し、薩摩や長州を自由に往来しました。その成果が薩長同盟の仲介です。

龍馬は一介の浪人の身で両雄藩の盟約の裏書人となっています。勝海舟ら幕府進歩派官僚と付き合ったり、山内容堂の腹心、後藤象二郎と意を通じたりして、大政奉還を実現したのも龍馬です。

しかし、半平太はどうしても幕藩体制という旧来の良識から抜け出すことができなかったのです。

「この日本国は、天子様があってその下に将軍があり、将軍の下に大名があり、大名の下に家老、士と順序がある。恐れながら、天子様は伊勢大神宮はじめ神々様へ御忠孝をお尽くし遊ばし、また、将軍、御大名は天子様へ忠義をお尽くし遊ばされ、家老、士などは御大名へ忠義を尽くすわけである」

その大名によって投獄された獄中において、なおかつ、こう書いているのです。雑草は常に、すでに生じてしまった現実から出発します。石垣の割れ目に付着した種子だったら、わずかに存在する土俵から養分を摂取して芽を出そうとします。滋養豊かな畑地に生まれなかった不運を嘆いたりはしません。

投獄されたことによって殿の背信を遅まきながら知ったとしたら、その現実を嘆く暇に、その現実から出発すべきなのです。

脱獄。そんな発想は良識の固まり、謹厳実直な半平太にはまったくなかったのです。

「なぜだ！」

と嘆いて、打開策を打てなかったのは、半平太の精神的な脆さなのです。無能な上位者を、その能力ゆえにではなく、たまたま上位にあることのみをもって尊敬してしまう人が伸び切れないのは、今も昔も同じです。

半平太は歌も読み、漢詩もよくし、絵も描いた教養人です。中岡慎太郎が西郷隆盛を評したとき、

「西郷の誠実、半平太に似て云々」

といったほど半平太は至誠の人でした。そういう人だからこそ、しぶとく生き延びて維新政府に加わっていれば、薩長土肥藩閥政府もいくらかはマシな政府となっていたかもしれません。惜しいのです。

来島《きじま》　又兵衛《またべえ》／猪突・直情径行

1817〜64　47歳
薩摩藩士　遊撃隊総督

頑固が取り柄？

猪突性とは、大勢を見抜く力に欠け、直情径行に走るということです。思い立ったら命がけのタイプです。長州藩の来島又兵衛などはその典型です。

幕末の長州藩は何度も痛い目にあっていますが、そのなかでも一番痛い目にあったのが元治元（一八六四）年の禁門の変です。しかしこの事件は、長州藩が一枚岩となって突入した事件ではありません。むしろ反対する人が多かったのです。桂小五郎（木戸孝允）も久坂玄瑞も、高杉晋作でさえ、この突入には反対でした。いうことを聞かなかったのは来島又兵衛だけでした。

自分の名を鬼太郎というように、頑固一徹で、その頑固さを誇っていました。かれは長州に亡命してきた七卿の状況や、勅諫を被った長州藩主を見るにつけても、なんとかこの汚名を雪がなければと思っていました。

そのときたまたま池田屋事件が起きました。新撰組が長州藩士を襲撃したのです。これを聞いた来島又兵衛は頭にきたのです。そして自ら組織した遊撃隊を率いて京都に上りました。最初は御所に陳情して、藩主と藩の無実を晴らすつもりでいましたが、これと対峙する薩摩藩や会津藩など京都にいた軍は、そんな陳情を受け止めるような態度を示しませんでした。かれらは明らかに武力で再び長州藩を追い出そうとしていました。ここで来島又兵衛は御所に突入してしまいました。

いうならば、禁門の変は来島又兵衛の猪突から始まりました。かれはまったく情勢をわきまえずに突入したわけではないでしょう。しかし、かれのやむに止まれない気持ちがかれをそういう行動に仕向けました。

頭に来た時の決断は誤る

「おれの考えは正しい。したがって、その考えは力によっても、わからない奴らに示さなければならない」

という気持ちだったのです。こういうタイプの人間が冒しがちな過ちは、頭にきたときに決断することです。そういうときは、必ず自己を鎮めて、胸のなかで「一、二、三……」と数をかぞえた後、気持ちが落ち着いてから考え直すべきなのです。

しかし、来島又兵衛はそういうタイプではありませんでした。かれは頭に血が昇った瞬間、とんでもない決断をしてしまったのです。これが長州藩にとって大きな痛みを覚える事件に発展していきます。

もっとも、一面、来島又兵衛が猪突したからこそ、長州藩がその後「討幕の盟主」として立ち上がれたといえないこともありません。

いずれにしても、この事件を起こしたことが、幕府の長州征伐を誘引し、結局、長州藩は藩主の謝罪、禁門突入の責任者三人の家老と三人の参謀の首を差し出し、山口城を壊すなどの罰を受けることになります。そして、さらに第二次長州征伐によって、長州藩は日本の全藩を敵に回すという窮境に追い込まれます。しかし一大割拠と称して、高杉晋作が突如反乱を起こし、その反乱の延長が討幕にまで結びついたことは誰でも知っています。

その意味で、来島の行動はマジメ人間の猪突ということで一歩後退しましたが、後に二歩前進してくるきっかけになったことは確かです。来島自身は、禁門の変の際、御所で戦死します。あるいは、それは幸せな死であったのかもしれません。

中山《なかやま》　忠光《ただみつ》／直情径行の行き着く先

1845～64　20歳
公家　天誅組主将

引っ込みがつかなくなり蜂起

公家の中山忠光は明治天皇の外祖父になる権大納言中山忠能の息子でした。忠光は若い頃から攘夷派で駆けずり回っていました。そして、真木保臣たちとともに兵を挙げる計画をもっていました。真木保臣の計画とは、

「天皇が大和に行幸し、ここで神の前で討幕の宣言をする」

というものでした。

これには長州藩など在京の雄藩志士が共に立ち上がるという密約がありました。その大和行幸に先行する役割を担い、やがて大和天誅組を結成し、京都五條の代官所を八月十七日に襲います。文久三（一八六三）年のことです。

しかし、直後に八・一八の政変が起き、過激派は京都からすべて追い出されてしまいました。いわゆる七卿や長州藩の都落ちです。

八・一八の政変とは、幕府への攘夷委任を支持する勢力（孝明天皇、会津藩、薩摩藩）が攘夷戦争を企てる三条実美らの公家とその後ろ盾となっている長州藩を朝廷内から排除したクーデターです。

期待していた長州藩が都落ちしたわけですから、中山らの計画はその前提が崩れ、朝廷からも見放され逆賊になります。そして九月二十四日に幕府軍に包囲され、天誅組は壊滅します。

純粋な理論の犠牲者

人数が少ない上に、蜂起後の戦略もありません。成功したらこういう政局運営をするという青写真もありませんでした。もっともこの頃の蜂起派というのは、だいたいこんなものでした。

真木保臣ら指導者となるべき者にも、そうした大局観がありませんでした。今楠公といわれながら、世論の支持のある政局指導ができなかったのは、このあたりにその理由があります。

その意味では、中山忠光はその純粋な理論の犠牲者でした。忠光はこのとき、死なずに長州に逃げ、そこでかくまわれました。しかし、その後長州藩が幕府に屈服し、保守派が藩政府を牛耳るようになると、かれの存在が邪魔になりました。

元治元（一八六四）年十二月、長州藩の刺客によって、かれは絞殺されました。二十歳でしたが、その猪突性によって命を失ったといえます。かれの辞世の句です。

思いきや　山田の案山子　竹の弓
なすこともなく　朽ち果てんとは

真木《まき》　保臣《やすおみ》／神がかり的で現実無視

1813〜64　52歳
筑後国久留米の神官

いつの間にか今楠公に

真木保臣は、久留米の神官でしたが、尊皇心が厚く、いつの間にか九州志士の北斗と仰がれていました。全国の志士はかれを「今楠公」として尊崇しました。文久三（一八六三）年、京都に入ったかれは、この頃としてはかなり早い「攘夷親政」を説いて回りました。

天皇に幕府を討たせて、土地と人民を朝廷に納めて、天皇を主権者にしようという運動です。徳川幕府に愛想をつかした雄藩は、この真木の案に乗りました。長州藩はその先頭でした。しかし「八・一八の政変」で巻き返しを図った公武合体派に長州藩は駆逐され、長州藩に与していた七卿も御所を追われました。

七卿と共に長州に下った真木は、招賢閣《しょうけんかく》や湯田温泉で七卿と共に終始しましたが、次第に居候の身が辛くなり、

「自分の説が基で七卿や長州藩に迷惑をかけた」

という自責の念にかられ、長州藩に勃然と起こってきた、たとえば来島又兵衛のいう、

「御所に直訴して天皇に長州藩の無実を知ってもらおう」

という運動に乗りました。

観念過剰

真木は必ずしも全体の状況を把握していないわけではなかったでしょうが、かれの神がかり的な性格が観念過剰となり、理念追求のあまり、ドロドロとした現実を忘れさせるというところがありました。

そのために、かれの策は結果としては明治維新がその方向に歩むことになるわけですが、この時期では時期尚早で、十分に機が熟していなかったのです。そういう力がまだ日本には育っていませんでした。しかし、かれはまだ芽のうちに一挙にそれをやろうとしたのです。それはかれの年齢がそうさせたのであり、また同時に、かれの一途さがそうさせたのです。

かれは長州で、いつまでも居候の飯を食うことに耐えられませんでした。かれは来島又兵衛の軍に参加し、浪士隊を率いて京都に突入しました。そして、禁門の変は失敗し長州軍は敗退しました。

真木保臣は、このとき天王山に陣を張っていましたので、逃げれば逃げられました。が、逃げませ

んでした。天王山を死に場所と決め、ここで割腹しました。かれに従う者もすべて腹を切りました。真木保臣たちの遺体を発見したのは、近藤勇たち新撰組隊士でした。かれらは配送する長州軍を追って天王山を襲撃しました。しかし新撰組を待っていたのは、真木保臣らの遺体でした。

真木もまた学者性が故の真理追求のために身を捧げ、自ら命を失っていったといえます。一途さゆえの悲劇的な人生でした。

南《みなみ》　八郎《はちろう》／背伸びしたが故に

1843〜63　21歳

陸軍大将、明治政府参議

展望なき反乱

自分の責務を過大視するために、状況がそうでないにもかかわらず、不利な状況に自ら猪突していくという人がいます。本名川上弥一こと南八郎がそれでした。二代目の奇兵隊総監でした。つまり高杉晋作の後を受けて奇兵隊を指揮していたのです。

かれは長州に落ちてきた七卿のうちの一人である沢宣嘉《さわのぶよし》に従い、平野国臣とともに「生野・但馬の乱」を起こします。

天誅組の変が起きている頃、筑前の平野国臣と但馬の北垣晋太郎（国道）は但馬義兵を呼びかけていました。南八郎は、奇兵隊の総監の職を辞して、隊士十数人とともに但馬に向かいます。政変を知った平野国臣は挙兵を自重すべきと主張しましたが、「天誅組の復讐」を叫び、決起にはやる南八郎は挙兵を強行します。

そして十月十二日には生野の代官所を無抵抗で占拠。そこから沢宣嘉の告諭文を出して天領一帯に兵を募ります。しかし、所詮、農民や暴徒を集めた烏合の衆であって、これも天誅組と同じく、成功の確率は最初から低かったのです。しかし、南はやむにやまれない立場から猪突していきました。

この乱に対しての幕府の動きは早く、豊岡、出石、姫路の諸藩が鎮圧に向かいます。形勢不利とみた総帥の沢宣嘉は四国に脱出し、長州に逃れます。騙されたと思った農民兵は、逆に南らを攻撃します。南ら十三人の隊士は自刃し、乱は終わります。

平野国臣は捕らえられ獄舎で殺害されます。北垣晋太郎は生き延びて、鳥取藩に召し抱えられ、貴族院議員にまで昇りつめます。

責務の重さに耐えかねて

ところで南八郎にとって、高杉晋作の後の奇兵隊総監という職責はかなり重いものであって、かれの能力を超えていたといわれます。そこで南は、別なところに自己能力を発揮する活路を求めて、敗退を知りつつも、この乱に参加したといわれています。

そうであるならば、柔軟思考に富んだ連中ならば、そういうことはしないでしょう。むしろ避けるはずです。それを避けないところが、やはり南の硬直的な考え方、性格が災いしたといえます。

井《い》伊《い》直《なお》弼《すけ》／超マジメな鬼の末路

彦根藩主　徳川幕府大老

1815～60　46歳

支持者少なく孤立

幕末の大老、井伊直弼は、融通が利かず遊びのない人物でした。かれが行った安政の大獄があまりにも凄まじいので、人々はかれを「鬼」と呼びました。確かに、井伊は自分の政治理念に忠実で、反対する者をすべて取り締まりましたが、そのやり方が峻烈だったため「鬼」と呼ばれたのです。

直弼は典型的なマジメ人間でした。遊びがなく、融通が利かず、信念のためには手段を選ばないといった風情がみえます。それがかれをどこか孤立させ、かれのやったことに快哉を叫ぶ大名たちがいたとしても、積極的にかれに手を差し伸べる者はいませんでした。いわば直弼は孤立したまま水戸浪士たちに桜田門外で暗殺されたのです。

直弼のブレーンとして彼を支えていたのが国学者長野主膳でした。主膳の出自ははっきりしていません。直弼と知り合ったのは一八四二(天保十三)年といいます。主膳も直弼と同様のマジメ人間でした。だから意気投合したのかもしれません。

主膳は一時、京都の九条家に仕えていましたが、直弼が彦根藩主になると、主膳の懐刀として藩政改革に尽力します。一橋派と南紀派による将軍後継者争いの際には、直弼の命を受けて京都で朝廷工作を行います。

安政の大獄における「犯罪者リスト」を作ったのは主膳でした。直弼は主膳の意見を入れて大獄を実行したといってもいいと思います。

こういう孤高狷介《ここうけんかい》な人たちに比べて、「敵」の勤皇志士と呼ばれる人たちは、今もそうですが、当時も大衆的人気がありました。

それは明治維新を実現したという「政治的行為」に共感するというよりも、むしろ動乱のときに生き抜いたかれらの生きざまに共感を覚えるからです。かれらは天下の大事を扱い、生命を的にして生きながらも、どこかゆとりがあり、遊びがあり、ユーモアがありました。

非マジメな者が大成

たとえば、木戸孝允は一見マジメ風で、また孤高狷介になって、その終末期は孤独であったといわれていますが、若い頃、すなわち桂小五郎として志士活動をしていたときのかれは、祇園によく行き、芸者たちともよく遊びました。

第一、正妻は三本木芸者幾松（木戸松子）でした。水商売の女性を正夫人にして恬として恥ないだけの気概と器量が、かれに限らず若い頃の志士たちにはあったのです。

かれは京都で遊んでいる頃、こんな歌をつくっています。

切れてくれろとやわらかに
真綿で首の　この意見

八千八声の　ほととぎす
血をはくよりも　なおつらい

また、同志高杉晋作はこう歌っています。

三千世界の烏を殺し
ぬしと朝寝がしてみたい

こういう志士たちを追ったのは新撰組ですが、隊長の近藤勇にしろ土方歳三にしろ、やはり京都に入ってからのかれらはマジメ人間で、追われる者と追う者との格差がはっきり出ています。そして、その終末においても、この二タイプの人間の質の差が歴然とするのです。

直弼が人閥をもたず、また人脈が広がらなかったのに対して、桂小五郎の人脈や高杉晋作の人脈は広いのです。明治維新を成功させたのは、ほとんど彼らの人脈陣でした。

一方、この非マジメ性をもつ長州人に対して、薩摩の西郷隆盛や大久保利通はマジメ人間の印象を与えています。とくに西郷はそうです。人の苦労を全部、自分の苦労として背負い込んで苦汁に顔をしかめる彼の言行は、世の人々の共感と同情を得ましたが、しかし、それは、

「悲劇人としての西郷隆盛」

という印象であって、決して磊落で遊び人で、ユーモアに富んでいた、

「西郷隆盛」という印象ではありません。

大久保利通も同じです。だから、二人のマジメ人間がそれぞれ非業の死をとげるわけですが、その死についても、悲劇性がどこかつきまとうのです。

有馬《ありま》 新七《しんしち》／理念と心中

1825～62 38歳
薩摩藩士、学者

主君の急死で窮地に

島津斉彬は名君といわれましたが、惜しみなく藩の金を使って薩摩藩を欧米風に改めようとしました。だから、鹿児島はヨーロッパの小都市のような様相を呈し、いま残る磯庭園（仙巌園）には「集成館」として、かれの遺跡がたくさん残されています。

かれは、ヨーロッパにある工業都市をそのまま鹿児島に実現することを目指しました。そのため莫大な資金を必要としました。

薩摩藩は長年財政難に苦しみ、調所笑左衛門《ずしょしょうざえもん》によって天保の改革を成し遂げ、奄美大島や琉球列島からの過酷な収奪によって、藩財政を立て直したばかりでした。調所たちは、斉彬のようにザブザブと金を使うような藩主を出現を望みませんでした。むしろ、堅実人間だとされていた島津久光のほうを望んでいました。このときの相続争いが「お由良騒動」です。

お由良というのは島津斉興の側室で久光の生母です。斉彬を廃嫡して自分の子、久光を藩主の座に据えようとする意図が彼女にあったといわれたことから、彼女の名前をとってこう呼ばれているのですが、前述のように彼女だけがそう思っていたわけではないのです。

したがって、この騒動は単に藩主の第一婦人と愛妾との間に起きた争いではありません。藩財政のあり方、藩の方向性をめぐる争いでもありました。

久光上京、討幕か？

そのころの日本の政局も混迷していました。とくに文久二（一八六二）年の春前後は、外国に対して、あまりにも弱腰な幕府のやり方に憤慨する志士が大勢いました。薩摩藩士で藩校の教授である有馬新七もその一人でした。かれは若いグループのリーダー格でした。それは薩摩藩にとどまらず、京都に集まっている諸国の志士たちにまで広がっていました。

島津斉彬が急死したため、その斉彬の遺言に従い、久光の子、忠徳（忠義、茂久　１８４０～97）が藩主の座につくと、久光は藩主の父「国父」として藩政の実権を掌握することになります。その久光が文久二（一八六二）年、兵を率いて京にのぼることになりました。

久光は、薩摩藩兵を率いて京に乗り込み、大名でもないのに幕府の人事に介入しようという意図をもっていました。つまり、無位無官の久光が参加できる幕閣構成を望んだのです。だが、単に藩主の父にすぎない人物が幕府に乗り込めるわけがありません。そこで久光は京都朝廷からの勅使を立てて、その補佐役として江戸幕府に乗り込むことを策したのです。

誤解の先頭に立つ

この久光の行動を、日本全国の志士たちは誤解しました。

「島津久光公が軍を率いて幕府を詰問し、その軍は討幕のきっかけになるかもしれない」

と宣伝しました。まったくの誤解でした。そして、その誤解の先頭に立っていたのが有馬新七でした。かれは諸国の志士が望む考えに暗黙の承認を与えました。したがって、京都や大坂に続々と志士たちが集まってきました。その数は千人に及んだといいます。

「我らの盟主、島津久光公来る！」

諸国の志士はこういって久光を待ち望みました。しかし、久光の意図はそんなところにはありません。いや久光は浪士を嫌ってすらいたのです。かれは、

「処士（就職しない士）が天下の政道に口をはさむとはもってのほかである。薩摩藩士は処士と交わってはならぬ」

と言明しました。これは意外でした。久光に供をする志士たちは一斉に眉をひそめました。怪訝《けげん》な表情になりました。その代表者が西郷隆盛でした。

おいごと刺せ！

このころ、京都の伏見、寺田屋にあった有馬新七は、久光を待ち望む志士たちと謀議をこらしていました。謀議というのは、もちろん久光の率いる藩兵を、京都朝廷が立てる勅使とともに幕府問罪の天皇軍、すなわち親兵に仕立て上げようというものでした。

この謀議は久留米の神官である真木保臣が主導していました。真木は「今楠公」と呼ばれていて、志士たちに絶大な影響力をもっていました。

志士たちは真木を非常に尊敬していました。その真木のいうことだから間違いないという思いを皆がもっていました。これが間違いでした。

真木を盟主とする有馬新七一派は、寺田屋で久光が上京するのを待ち構えていました。そこに西郷隆盛が飛び込んできました。そして、

「久光公の真意は、おはんらが考えているようなところにはない。どうか突出を思いとどまってくれ」

と西郷は懇請しました。しかし有馬たちは耳を貸しませんでした。

「いまさら何をいうのだ。久光公が幕府問罪のために藩軍を率いて江戸に行くということは、日本じゅう知れ渡っている。ここへきて、おはんのようなことをいわれても、われわれの面目が立たない。薩摩藩の恥だ」

といい返したのです。西郷は西郷で、久光から、

「お前は直情径行気味で、前後の考えもなく行動に移るから、今度は決してそういうことをしてはならぬ。どんなことがあろうとも下関で私を待て」

といわれていました。それを西郷は破って有馬たちを止めなければならないと思って、東上してしまったのです。これがまた久光を怒らせました。西郷は結局、このときの行動が原因で島流しになりました。

寺田屋に集結した有馬新七たちは、もう引っ込みがつきませんでした。諸国の志士たちへの面目が

立ちません。いまさら、

「久光が、実は浪士が嫌いで、日本志士群の先頭に立つ考えなどまったくない」

などとはいえません。そこで有馬たちは悲壮な決意をしました。集まった連中だけで討幕の軍を起こそうとしたのです。無謀です。観念過剰の理念追求のあまり現実を無視するという、マジメ人間の学者性が遺憾なく発揮されることになったのです。


久光は奈良原喜左衛門やその弟喜八郎（後の沖縄県知事、奈良原繁）、大山格之助を差し向けて有馬たちを説得しました。諸国の浪士たちはともかく、自藩の者たちだけでも暴挙から退かせようとしたのです。説得は失敗します。


そこで奈良原たちは「上意である」として有馬たちに斬りかかりました。久光は、

「（有馬らが）いうことを聞かないときは斬れ」

と命じていたのです。結果、有馬たちは全員殺されました。


このとき、有馬は討手のひとりを抱きかかえたまま、自分の背中を示して、

「おいごと刺せ、おいごと刺せ」

と叫んで自分の背中から討手の胸まで刀を突き刺させたといいます。有馬新七はこうして死にました。


もしかれらの主導で維新政府が実現していれば、当然閣僚になっただろうといわれるほどの人物でした。が、藩校教授という学者の立場から、かれは純粋に生きたのです。理念追求のあまり現実を知りつつも、その現実に順応することができませんでした。しかし、かれの行為が後の維新の捨て石に

なったことも事実です。

梅田《うめだ》　雲浜《うんぴん》／うぬぼれで自滅

1815〜59　45歳
小浜藩士　儒学者

安政の大獄の犠牲者第一号

小浜藩の儒学者梅田雲浜は優れた学者でした。かれは、単に学者だけでなく経済を重視し、「回天の大業は雄藩の経済力を増強することにある。それには雄藩が自藩の生産物を交換することによって互いに富むことこそ、最良の道だ」

という考えをもっていました。

そこで上方《かみがた》と、たとえば長州藩との交易を促進するような策を説いて回りました。長州藩はこの策に乗りました。藩内の産物を上方商人と交易することで、かなりの利益を得ました。そしてその利益が討幕の資金になりました。その路線はまさしく雲浜の策するところでした。

しかし幕府は、雲浜の説く経済重視に注目しませんでした。むしろ、かれの強い天皇尊崇とそれに基づく幕府攻撃を重視しました。

目をつけたのは、井伊直弼のブレーンだった長野主膳でした。主膳はブラックリストの最上位に梅田雲浜の名を掲げました。そして将軍相続問題がこじれて井伊派と開明派との闘争が激しくなったとき、京都入りした長野主膳は「安政の大獄」を井伊に進言しました。そしてその筆頭に梅田雲浜を挙げました。雲浜は捕らえられ獄死しました。大獄第一号の犠牲者でした。

かれには有名な歌があります。

妻は病床に伏し
子は飢えに泣く
子の心誓って戎夷を払わんと擬す
今朝の死別は生別を兼ぬ
ただ皇太后上の知るあるのみ

学者性が災い

雲浜は当時の志士にしては珍しく経済感覚があり、そういう政策を戦略として活用しようという雲浜でしたから、普通の志士とは違い、相当柔軟性があったと見ていいと思います。しかし、かれの本質もまたマジメな性格に加えて、本来の学者性が前に出てしまうので、ぎりぎりのところにくると、この学者性が前面に出て表層の柔軟性が薄れてくるのです。

そのためにかれは、せっかくの経済性重視という柔軟な戦略をもちつつも、根幹においては信念追求を貫くことになりました。そして長野主膳ににらまれ、安政の大獄で真っ先に消されてしまいました。

マジメとマジメのぶつかり合い

すでに述べましたが、かれを追い詰めた長野主膳も同じでした。主膳は国学の大家であり、それを縁にして井伊直弼と知り合います。井伊にとっては、長野は国学の師でした。したがって、長野もまた理念追求を本旨とする学者であったことは間違いありません。

つまり学者と学者が、将軍相続争いという非常に生臭い政治問題で激突したのです。そして双方とも譲りませんでした。この場合、普通の人間が対立するのとは違います。学者は自惚れが強い。したがって、その自惚れを叩き潰すような攻撃が一方から加えられ、その加える側がこれまた学者とすると、その憎しみは通常の人に対するものよりも倍加します。

長野主膳と梅田雲浜は互いに憎み合いました。憎しみと憎しみが空間で激突しました。しかし権力は長野側にありました。かれの主人は大老井伊直弼です。梅田雲浜は一介の志士学者です。勝敗は明らかでした。

梅田雲浜ほどの現実重視の才覚をもちながら、結局は自己の理念に忠実に生きるあまり、そのマジメ性を自分の手では折ることができなかったのです。

しかしかれの経済重視戦略は、長州藩で生き、これがさらに坂本龍馬の海援隊等に引き継がれて、雄藩の交易事業は活発になり、彼らは互いに自藩の商品を交換し、換貨することによって、それぞれ潤ったのです。そしてその果実をもって幕府を倒したのです。

討幕戦争は、ひとつには経済戦争の性格をもっていましたから、とにかく金儲けをしないことには幕府を倒すことなどできなかったのです。その意味で、梅田雲浜はかなり先見の明があったといえますが、根幹においてかれが一途な学者であったため、かれ自身は早い段階で折れてしまったのです。

吉田《よしだ》 松陰《しょういん》／時を待てなかった男

1830〜59　29歳
長州藩士　思想家

押してばっかり

誰でも、

「しまった、失敗した」

と思うことはあります。マジメな人ほど、その後悔の頻度は高いかもしれません。問題はその後です。

「ダメだったか。まあ、いいや。あれがダメならこれがあるさ」

というのが発想の転換です。複眼の思想です。これができれば、

「失敗は成功の母」

ということになります。いわば、精神的なフットワークです。

「押してダメなら引いてみよ」

ということです。一度の失敗で「おれはダメだ」と思い込んでしまう人に欠けているのは、このゆ

とりなのです。そんな人間の典型が吉田松陰です。

嘉永七（一八五四）年、ペリーが再来して幕府は日米和親条約を結びました。吉田松陰は、この黒船で密出国してアメリカの文明を学ぼうとしたのですが、米艦側は無理やり乗り込んできた松陰を陸地に送り返してしまいます。

考えてみれば当たり前の話です。幕府と条約を結びに来て目的を果たした米艦が、密出国者を乗せて帰るわけにはいきません。

松蔭は自虐趣味？

このとき松蔭は、潔く自首して出ます。そして、

「辱められて囚奴となり、人、みな、これを笑う。士として下才を持ってこの世に生まる、悲しいかな」

と嘆きます。しかも、

「もし、事が破れたなら首を刎ねられるまでと覚悟しておりました」

と役人に陳述します。しかし、松陰が考えているほどの大罪ではないのです。松陰はただ、先駆的だっただけなのです。

その後、同じ長州の伊藤博文らは密航に成功しています。幕府が松陰に科した罪も、国表における蟄居に過ぎませんでした。

自分の失敗を過大視し、一つ失敗しただけで全面否定的になってしまう……これがマジメ人間の大きな特徴です。客観的に見れば、本人が考えているほどの大失敗でもなく、他人から見れば大罪でもないのです。

職場で部下が小さな失敗をしたとします。そのあと上司が望むのは、

「エラーを挽回してほしい」

ということです。決して、

「自分で自分をいじめてくれ」

ということではありません。もし、その上司が根っからのサディストでなければですが……。

むしろあまりに自虐的になると、それに刺激されて、周囲がサディスティックになる危険性さえあることを認識しておいたほうがよいと思います。

子供たちの中には「いじめっ子」がいる一方で「いじめられっ子」がいます。「いじめられっ子」のほうから、いじめられ行為を無意識に誘発していることだってあります。

逆襲されれば今度は逃げる側に回るつもりが、相手がいつまでもやられっぱなしなので、かえってイライラして、いつまでもいじめながら、いじめているほうも欲求不満に陥るというケースです。マジメな人がいじめられっ子になってはなりません。フットワークよく挽回のチャンスを担うべきです。

世の中は凡人と鈍才の集まり

松陰は無論マゾだったわけではないでしょう。かれは他人に厳しかったぶん、いやそれ以上に自分自身に厳しかったのです。

「久坂玄瑞、高杉晋作など、皆とぼくと意見が違う。ぼくは忠義をするつもりだが、かれらは功業をなすつもりだ」

といったことがあります。

久坂玄瑞も高杉晋作も献身的、かつ、きわめて過激な革命家ですが、これらの弟子も、師である松陰から見れば物足りないのです。

理由は、要するに、松陰が、

「起て！」

と命じているのに、弟子たちが、

「時機尚早！」

と見て起たないからです。弟子たちが日和見主義なのではありません。現に、高杉晋作など、後に最も効果的な機会を捉えて蜂起し、幕府の長州征伐を撃退して倒幕の流れをつくっています。

しかし松陰は、「今すぐ起たない」一事を理由に、弟子たちに対して次々と絶交宣言をするのです。松陰は間違いなく「天才」です。しかし、世の中は天才によって成り立っているわけではありません。むしろ、凡才や鈍才によって構成されています。だから、松陰のほうが進み過ぎているのです。時勢のほうが松陰の弾丸列車的スピードについていけないのです。松陰はそれが我慢ならない。待てなかったのです。

松蔭の本当の悲劇性

そして松陰は最後に、信じられないような失敗をしでかして、悲劇的な死を迎えます。野山獄から江戸に送られ、幕府の取り調べを受けた時です。

幕府の松陰に対する嫌疑は二点ありました。

第一は、梅田雲浜が長州に行った時、松陰は会見しているが、何の密儀をしたか。

第二に、京都御所内に落とし文があり、松陰の筆跡に似ているが覚えはあるか、というもの。

これに対して松陰は、次のように答えました。

第一に、梅田雲浜は尊大な男で、私は不快に思ったから、心を打ち明けた話はしなかった。

第二に、私は上京したことがない。また人を派遣して落とし文をするような曖昧なことはしない。

これはいずれも事実でしたし、幕府としても満足すべき答えでした。ことは本来それで終わりでした。ところが松陰はペリー来航以来の国策の不当について弁じ立て始めてしまったのです。あげく、

「私には罪があるが、他人に迷惑がかかることなので申し上げられない」

と口をすべらせたのです。これに対して取り調べる幕府は、

「ほう。しかし大したことではあるまい。ありのまま申したらどうか」

と水向けられて、老中間部詮勝《まなべあきかつ》暗殺計画を自白してしまったのです。

これでは幕府としては、松陰を助けたくても助けることができません。稀代の天才も三十歳で刑場の露と消える結果になってしまったのです。

最後の「勇足的自白」を除いては、松陰の人生に失敗と呼べるような失敗はありません。それどころか、明治維新の原動力となる人材を多数輩出した松下村塾の名は、その指導者吉田松陰の名とともに永久に日本の歴史に記録されることでしょう。

松陰自身は、

「失敗した、失敗した」

といいながら死んでいきました。しかし客観的に見れば偉大な人生でした。非凡な人から見れば失敗であっても、世間から見れば偉業なのです。

同様にこうしたマジメな人が悩む失敗は、客観的に見ればなんのことはない、全面否定的になるほどの大事件でないことが多いものです。失敗に弱い人は脆いのです。

橋本《はしもと》　左内《さない》／自己過信

1834～59　25歳
越前藩士　思想家

穏やかな心優しい人物

越前藩士橋本左内は元々は医者でした。が、その才幹を見出され、藩主松平春嶽のブレーンとなりました。二十代でメキメキと頭角を現し、春嶽の懐刀として種々の工作に従事しました。

橋本左内というと、その印象から過激な青年を思いがちですが、そういうタイプの人ではありませんでした。むしろ沈着で、大きな声を出したことすらないといわれています。大坂の緒方洪庵に学び、医学を修め、夜になると市内の乞食の病気を診て回り、その看病にあたったという優しい人物でした。

かれはアヘン戦争によるアジア侵略の警戒視し、

「日本はむしろロシアと組んで、アメリカを上手く使いながら、イギリスを牽制すべきだ」

という見解をもっていました。有名な日露同盟案です。しかし、そういうことをするにつけても、まず「隗より始めよ」で、越前藩の後進の教育に当たらなければなりません。それを成し遂げるには、いまの藩の教授陣はまったくなっていない。重箱の隅をつつくような細かいことばかり教育して、大局を見る目を養っていない。

教授たち自身が出世亡者になって、権力の顔色ばかりうかがい、後進に威張り散らし、つまらないことを取り上げては叱責する。左内は、こういう悪風が蔓延している藩内の改革から始めなければならない、また藩政の改革は藩の教育機関の改革から始めなければならないという考えでした。

かれ自身は稀有壮大な日本変革案をもっていましたが、たまたま将軍相続問題に遭遇し、主人の春嶽は一橋慶喜（徳川慶喜）を支持しました。そのため橋本左内は春嶽の命を受けて京都に入り、朝廷工作を始めました。

しかし、井伊直弼の腹心である長野主膳が京都で始めた工作は、潤沢な資金をばらまきながら懐柔策に出たのに対して、左内は説得を主としました。金を使わずに公卿たちに議論をふっかけて、これを説得しようとしたのです。議論と金。貧乏な公卿たちは次々と長野に懐柔されました。

この京都工作の結果が、橋本左内の望んだ、

「英明にして、年長」

という天皇の詔、すなわち明らかに一橋慶喜を指すという条項を、いったんその勅語を得ていながら削られてしまうことになったのです。京都工作は失敗します。その結果、その工作の元凶として橋本左内は処刑されてしまうのです。

精神的潔癖性

このときの左内の態度は立派で、獄使を感心させたといいます。でも首を斬られる左内自身にしては不本意であったでしょう。何故ならば、かれはその後の日本の政局指導にあたる自信と自負をもっていたのであり、とくに、

「日露同盟によってイギリスを牽制する」

というような、当時の誰ももち得なかったような国際感覚を実際に実行したかったからです。たかが将軍の相続問題で首を斬られてしまうなどということは、かれにとっては万斛《ばんこく》の恨みを飲む事件であったに違いありません。

しかし、その要因はやはり左内の学者性があまりにも強かったために、その保つ精神は純粋培養されたものであり、過度な理念追求のために、ある意味で自己過信に陥り、また純粋精神に違うことが自分にはできないという精神的潔癖性が災いしたというべきでしょう。

橋本左内が本当にやりたかったことは、もう少しライトをあてて、日本の歴史、とくに幕末維新史の上でも大きく評価されなければならないと思っています。

松平《まつだいら》　定信《さだのぶ》／マジメ人間の代表選手

1759〜1829　72歳
陸奥白河藩主　徳川幕府老中

東北左遷

「白河楽翁」と呼ばれた松平定信は、その名君ぶりが謳われた藩主です。白河とは奥州白河のことで、いまの福島県白河市です。かれは八代将軍徳川吉宗の子田安宗武の子供、つまり吉宗の孫です。宗武も英明ぶりを謳われていましたが、その子定信も子供の頃から利発で、世間では、

「次の将軍は定信殿だ」

とうわさしていました。しかし、そうはなりませんでした。田安系の将軍が出現することを嫌った一橋系の当主一橋治済《はるなり》が英明すぎる定信を退けて、自分の子供家斉を将軍にしたからです。治済は吉宗の孫です。このとき治済の腹心として定信追放に一役かったのが、老中田沼意次であったといわれています。

いずれにしても、定信は有力な将軍候補でありながら、一橋治済と田沼意次の謀略にひっかかって、陸奥白川藩第二代藩主松平定邦の養子として東北の白河の地に逐われたのです。

しかし、田沼意次の「汚職政治」に飽きた国民は、天明の大飢饉における藩政の立て直しに手腕を発揮した定信が宰相になることを期待しました。その輿望をになって、定信は老中の座につきます。

このとき、人びとはこういう落首を作り、かれに期待したのでした。

田や沼を
汚した御世をあらためて
清く澄むる　白河の水

つまり、田沼の政治に愛想をつかして、政治倫理の確立を期待したのです。定信はまさしく政治倫理が裃を着たような人物でした。かれは白河藩に封じられてのち、徹底した勤倹節約と政治倫理の確立で藩政を清く澄ませ、また赤字を克服して財政を再建しました。

白河藩政にとって、彼は他家から入ったにもかかわらず、英明な藩主として評判が高く、それゆえに、かれは「白河楽翁」と呼ばれたのです。

失敗した改革

藩政で改革を成功させたかれは、徳川幕府に入り、ここでいわゆる「寛政の改革」を断行します。しかし、成功しませんでした。むしろ失敗したといっていいと思います。

小さな政府を目指したまではよかったのですが、いわば国民全体に勤倹節約生活を押しつけ、商業の発展を阻止し、経済人を弾圧した、つまり「重農賤商主義」がとられ、大都市を中心にした地域は火が消えたように暗くなったのです。

このころ、既に土から生まれる製品が種々加工され、商人の手によって、それを必要とする人たちにもたらされていましたから、通貨の流通が激しくなっていたのに、この通貨経済に逆らうような米中心の経済政策は、明らかに時代に逆行するものでした。

定信は幕藩体制を支える社会秩序「士農工商」にこだわりました。そして、「士」はもちろん「農」を重位に置き、「商」を弾圧しました。しかも彼は増税しました。増税の対象は農民です。なぜならこの当時、商人には税が課されていなかったからです。商人に税をかけるということは、幕府がもっとも忌み嫌う商業人の商行為を公認することになるからです。あくまでも商人を闇の存在として葬り去ろうとする幕府の誤った政策を定信は一貫してとり続けました。

やがて、こういう落首がはやりはじめたのです。

白河の
清き流れに住みかねて
濁れるもとの　田沼恋しき

人びとが飽きっぽいのではありません。人びとは政治の本質を鋭く見抜いていたのです。経済が発展している歴史の法則に逆らって、国全体を暗闇のようにする定信の政治を見限ったのです。

長い長いトンネルの中に押し込められ、いつそこから出られるのか、出口の所在も、その時期もわからないような政治がいつまでも続くとき、人びとは闇の中で酸欠状態で窒息死する状況になります。

時代の流れを捉えていた田沼

そこで彼らの脳裏には必然的に、過去の田沼政治が甦ったのです。たしかに田沼政治は倫理という側面ではほめられたものではありませんでした。しかし、田沼の政治は定信のような「重農賤商主義」ではありませんでした。

田沼の政治は次のようなものでした。

○重農重商主義。一次産業も重んじたが、二次、三次産業も同時に重んじた。

○徳川幕府の国是は鎖国だったが、田沼は開国同様の積極政策をとった。長崎を入り口にして輸入を活発にした。世界中のあらゆる文明品が日本に流れ込んだ。気の利いた家では、ギヤマン（ガラス）製品や時計、地球儀、望遠鏡などの外国の珍しい調度品が次々に備えられた。

○備品什器を主とする生活用品だけでなく、薬や植物にも目を向けた。それまで日本の薬品は本草といって、ほとんどが中国の産品だったが、彼はこれに異論をとなえ、平賀源内に、

「中国にある薬草は、地形地理からいって、日本にもあるはずだ、探せ。そして探し出した薬草を国民の前に展示しろ」

と命じた。

源内は日本各地を歩き回り薬草を探した。彼が探した薬草は千種を超えたという。彼は薬草展と銘うって展示会を開いた。

「薬草は中国だけでなく、日本にもこんなにあるぞ」

ということを示したのである。これに端を発して、朝鮮人参やサツマイモなどを田沼はどんどん

植えさせた。

「他国でやっていることが日本にできないはずがない。外国に追随するだけが能ではない」といって日本の力を掘り起こすことに力点を置いたのである。

○杉田玄白や前野良沢らの医者に命じてオランダ語の医学書を翻訳させた。『解体新書』だ。人間解剖を軸に、この本がどれほど日本の医学の発達に役立ったかわからない。これをきっかけに日本の医学者たちはどんどん横文字を輸入して翻訳した。

○輸入にも力を入れたが、それでは日本の金銀が流出するだけになる。なまこ、いりこ、鱶鰭《ふかひれ》などを乾燥させこれを長崎から輸出した。これにより海外に流出した金銀を取り戻した。つまり貿易の収支均衡をはかったのである。

○北辺の問題にも目を向けた。彼は仙台藩の医師、工藤平助が書いた『赤蝦夷風雪考』を読んで、赤蝦夷（ロシア人）の南下が日本の侵略なのか、日本と通商を求めてのことなのか、その見極めをせずに騒ぐのはおかしいといった。そしてまず「北」のことを知るために探検家を北辺におくり調査をさせた。というのが、当時の世界地図は、クルーゼンシュテルンという探検家が書いたものが唯一であったが、北海道の北の方やサハリンは、まだ実測されずに点線で示されていたに過ぎなかったのである。サハリンなどはカムチャッカの一半島として描かれていたのである。それを間宮海峡の存在を示して、サハリンが島であるというきっかけを作ったのは田沼であった。

マジメ過ぎた定信

こういうようにみてくると、田沼の汚職政治は指弾されても、その展開した積極政策は、人びとの生活を豊かにしたことは否定できません。人びとはそういう田沼の政治をおぼえていたのです。

適度の経済成長がなければ自分たちの所得も増えず、生活も豊かにならないと悟ったのです。所得が増えるためには、すなわち適度な経済成長をするためには、やはり積極政策がとられなければならない。積極政策とは「重農重商主義」であって「重農賤商主義」ではないと思ったのです。

しかし、定信は政治倫理を確立するだけに急で、そのためには田沼政治を根底から覆すことだと考え、田沼のやったことをみなひっくり返し、極端な消極政策に走ってしまいました。しかも「俺の真似をせよ」といって、自分のつましい生活を手本にして、

「これに倣え」

と人びとに強要しました。

短い間なら我慢もするでしょう。いつ幾日になれば、こういう状況から這い出て、経済が成長し、生活も豊かになるということを示しさえすれば、人びとはついていくものです。しかし、長さも出口の所在も出られる時期も示さなければ人びとは我慢できません。それは今も昔も同じです。松平定信はマジメ過ぎたのです。

これに比べて田沼意次は、いうならば非マジメ人間です。マジメ人間が愛されず、非マジメ人間が愛されるのは、いつの時代でも変わらないのです。

成功・不成功もやはり、この人間の「マジメ」「非マジメ」にかかってくることが多いのです。マジメは建前、非マジメは本音です。人間は本音を好みます。建前はマジメを強調しても、質としてはどこか非マジメを好む性向があります。それが人間が神や仏でなく、人間である所以なのだろうと思

います。

池田《いけだ》　光政《みつまさ》／融通きかず面白み欠く

1609～1682　74歳

播磨姫路藩主・鳥取藩主・備前岡山藩主

小可愛げない

池田光政という大名がいました。播磨姫路藩の第三代藩主、稲葉鳥取藩主、備前岡山藩初代藩主です。新太郎と称して従四位の下、左近衛権少将に叙任していましたが、終生「新太郎」と書くのみで従四位の下だの左近衛権少将とは書きませんでした。

十四歳のとき、ある夜、午前四時頃まで寝ませんでした。翌朝、家来が、

「昨晩は何故遅くまで起きておられたのですか」

とたずねると、光政はこう答えました。

「自分はやがて大国の藩主になる。民をどう治めればよいか、それを考えると、眠ることができなかった。ともかく、学問をして知識を身につけるより仕方がない、と思うと、ようやく寝られたのだ」

しかし、十四歳でこんなことをいうようでは小憎らしさが先に立ちます。やはり、いたらぬ凡人の我々には美談ではあってもあまり面白い話ではありません。

硬くて面白くない人物

この光政が隠居して後、病気になりました。家来たちが、

「せめて病気の殿様の憂さ晴らしをしてさしあげよう」

ということで、祖国である岡山から蛍をたくさん集めて庭に飛ばしました。珍しく江戸の屋敷に蛍が飛んでいるのを見て光政がいいます。

「この蛍はいったいどうしたんだ」

と。家来はその訳を話しました。すると光政は急に機嫌が悪くなり、こう叱りました。

「蛍をとるときは、おそらく多くの農民に難儀をかけたことであろう。農作業に忙しい農民たちにそんなことをさせるとは何事だ」

そのとおりなのですが、家来にすれば病気になった光政を少しでも喜ばせようという、好意から出たことなのです。農民だって、領主のためなら、少しぐらいの暇を割いてたくさんの蛍を集めることぐらい、なんとも思わなかったに違いありません。

確かに、光政の農民思いは立派です。しかし、これも後世の我々をうずかせる話ではありません。やはり、

「硬いな」

と思います。

決定的に「情」が不足

光政にはお六という乳母がいました。この乳母が光政が藩主になると、

「貴方と乳兄弟になる私の息子をどうかお城に召し出してください」

と頼みました。しかし、光政は、

「乳兄弟だという個人的理由でお六の願いを叶えることはできない」

といって、頼みを断りました。

お六は光政に直接頼んでも仕方がないので、何度も光政の家来に頼みました。頼まれた家来は、士の新規取り立てがある度に、お六の子の名を書いて光政の許に差し出しました。しかし、光政はすぐそれと見破って、墨で黒々とその名を消してしまいました。

やがてお六が死にました。光政はようやく、

「お六が死んだので、その息子を士にしてやれ」

といいました。確かに筋は通っています。人事の公正という意味では何もいうことはありません。しかし、お六が望んだのは、自分が生きているうちに息子が士になった姿を見たかったのです。光政はこの姿勢を生涯押し通しました。そういうことが果たして「情」のあるやり方であったのかどうか、疑問です。

池田光政は名君だということになっていますが、その「名君」という褒め言葉の裏には、立場によって非情だと思われるような面もあるのです。

大久保《おおくぼ》 彦左衛門《ひこざえもん》／頑固でイヤミな奴だが

1560～1639 79歳

江戸幕府旗本

天下のご意見番、要するにただの頑固者

大久保彦左衛門（忠教）は頑固者でならした旗本です。かれの「天下のご意見番」としての虚名は今も有名ですが、こんなことがありました。

それは大久保彦左衛門がいつまで経ってもウダツが上がらず、千石ぐらいの旗本で終始しているので、出世した昔の仲間がこう忠告したのです。

「大久保さん、いまは世の中が変わってしまった。たとえ昔の仲間であっても、老中になっているような連中に盆暮れの挨拶をしなければ、貴方のように功績があっても、いまの世の中では、なかなか出世できないのだよ。まだ間に合うから暮の挨拶にでも行ったらどうだ」

そこで彦左衛門は、

「よし、そうしよう」

といって、翌日から次々と昔の同僚だった老中たちに屋敷を周り始めたのです。しかし、かれはそれぞれの家に入って、頼みごとをするのではなく、門前で大声を出してこういったのです。

「聞くところによると、昔の同僚である貴殿方に腹にもない追従をいわなければ、いまは出世できな

いと聞いた。そこで本日、大久保彦左衛門、昔のよしみで貴殿らに腹にもないことをいいに参った。どうか、明日からは、この大久保を出世させてほしい」

これではぶち壊しである。せっかくの友人の忠告もなんにもならないし、大久保のようなやり方では挨拶にもならない。むしろやらないほうがましである。

嫌がらせ人間

昔だからこんなことが通用したのです。また大久保だから通用したのです。しかし、そういうことができないで、身を縮めて老中たちの顔色をうかがいながら、小心翼翼《しょうしんよくよく》として勤務をしなければならない旗本もたくさんいたのです。

大久保がそうしたからといって、小心翼翼としている旗本が救われるわけでは決してありません。大久保に同調すれば、むしろまた、さらに苛められるでしょう。そういうところにも小心者に対する思いやり、配慮がないから、大久保はいよいよ頑固者になって、窓際族になっていくのです。

こういう輩と酒を飲んでも、本当に楽しくはないでしょう。おそらくかれは、テーブルを叩いて悲憤慷慨し、酔うに従って、上下左右の悪口をいい、

「あいつはなっていない」

と口から泡を飛ばして嘆くに違いありません。テーブルの上の品物は飛び散り、酒もきっとひっくり返ってこぼれてしまうでしょう。同席の連中は大久保の話を聞くよりも、

「こんな人は、われわれの仲間ではない」

というような表情をして、ハラハラ周囲を気にするに違いありません。

そうさせるのは、大久保の独りよがりであり、かれが思っているほど、世間は決してかれを正義漢だとは思いはしないのです。そうなってくると、大久保はマジメ人間というよりも、嫌がらせ人間ということになるのです。

出世する人、しない人

が、かれが書いた『三河物語』は原本が一冊しかないのに、不思議なことに百冊以上も残っているです。なぜならこの本は、彦左衛門が自分の息子のために書いたのであり、かれは本の末尾に、

「絶対に外に出してはならない」

とクギを刺しているのです。つまりかれの人間性は必ずしも好かれなかったが、かれのいうことはもっともだ、と共感する武士たちが多かったということなのです。

かれは「出世する者」と「出世しない者」のタイプ分けをしています。すなわち、まず出世する者とは、

○トップを裏切る者、あるいは裏切った者
○いつも男らしくない卑怯なことばかりする者。そして人に笑われている者
○世間体ばかりよくて、宴会や、旅行などでうまく立ち回り、上のご機嫌をとって、坐持ちのいい者
○計算高く、そういう方面のことばかり関心をもち、また、服装その他格好ばかりに気を配っている者
○大した能力がないので、よそに行っても、おそらく使いものにならないと思われる者

そして反対に出世しない者とは、
○トップを裏切ったことがなく、長年忠節を尽くしている者
○仕事本意で他のことには目もくれない者
○要領が悪く、また交際下手で、上役にも盆暮れの付け届けをしない者
○計算づくではなく、時には人生意気に感ずというような仕事をする者、あるいは老年者でコツコツと忠勤を励んできた者

庶民の感覚が産んだ天下のご意見番

「あれ？」

と奇異な感じになることと思います。

「逆ではないの？」

と思われるかもしれませんが、逆ではないのです。あえてこういういい方をしているのです。痛烈な皮肉なのです。かれは頑固老人ですから、こういういい方でしか世の中に向かってものをいうことができないのです。

月形龍之介の当たり役大久保彦左衛門は、魚屋の一心太助のタライに乗って江戸城に怒鳴り込むのですが、もちろん、そんなことは現実にはありません。

が、『三河物語』がじわりじわりと広まるにつれて、どこか道化じみた、警世家のイメージがつくられていったのです。

ありえなかったが、なにかあったかのような、という意味では水戸黄門も同じです。現実にはあり

えないことが虚の世界ではありえるのです。その意味で「庶民」の感覚は恐ろしくもあれば、素晴らしいということもいえます。空想力に富んでいるのです。

家康に喧嘩を売る？

最後に彦左衛門の骨っぽさについてふれておきましょう。

真田幸村と徳川家康が戦ったときです。幸村の猛烈な攻撃に家康軍はひるみます。そして大将のシンボルである旗を持った者も退却してしまいます。それを見た者から、

「旗が逃げる（負けた）」

と兵たちが浮き足立ちます。それを様子を見ていた彦左衛門が叫びます。

「旗は逃げていない。ここにある」

と。もちろん、実際は逃げていたのですが、

「逃げていない」

と叫ぶことで士気を保とうとしたのです。戦いの後、家康が旗持ちが逃げたことを責めます。そのとき彦左衛門は毅然として

「逃げていません」

と家康に向かっていい放つのです。家康の再三の追及にも彦左衛門はひるみません。

「逃げていない」

といい張ります。

この場合、彦左衛門の行為が正しいのです。つまり、公の場で、

「旗が逃げた」

すなわち、

「大将が逃げた」

ということを、

「正式決定」

にしてしまうと、大将こと家康の権威が失われるわけです。頑固さも時にはプラスになります。

福島《ふくしま》 正則《まさのり》／真実一路

1561〜1624 63歳
安芸広島藩主、信濃高井野藩主

三成憎さのあまり

善人であることも、真実一路であることも、一人の人間としては美徳です。しかし、一軍の将としては、むしろそれは悪徳でさえあるのです。

福島正則は善人の典型でした。秀吉恩顧の大名として豊臣家の安泰を願いながら、結果としてはズルズルとその滅亡に手を貸すことになりました。さらに最後には自分自身も信州に配流され、自殺ともいわれる悶死をしてしまいました。

間違いの初めは、関ヶ原の合戦で石田三成憎さのあまり、徳川家康の先鋒となって獅子奮迅の働きをしたことです。このとき正則は、家康から、

「秀頼には他意がない」

との誓紙をとっています。が、そんな紙切れは、関ヶ原で大勝した家康にとっては反故同然なのです。東西の力の均衡がいったん崩れてからは、圧倒的に巨大な力をもった家康に、正則はいいように扱われます。

大坂冬の陣・夏の陣では、江戸に軟禁されて手も足も出ません。豊臣秀吉の遺児、豊臣秀頼の運命が心配で、やきもきしながらただひたすら酒を飲んでいました。

これは正則の政治戦略上の失敗です。関ヶ原で仮に東軍についたとしても、西軍を完膚なきまでに叩いてしまっては、東軍における正則の存在価値はなくなってしまうのです。

東軍において正則は所詮「外様」です。関ヶ原ではせいぜい引き分け、できれば石田三成など生かしておいて、東西のバランスを維持しておくほうが正則にとってはよかったのです。それを正則は、

○小山軍議では率先、家康支持の演説をぶち、

○西へ向かって真っ先に駆けて岐阜城を落とし、

○関ヶ原では先鋒として宇喜多秀家隊と血で血を洗う死闘を行い、

○西軍の島津隊が中央突破の敗走を始めると、一気駆けで追走する。

といった具合で、東軍勝利に大いに貢献してしまいます。真実一路、家康のために働いてしまうのです。

おれは弓。いずれ折られる

その結果、芸備約五十万石を家康からもらいました。しかし、そんなものは一時的な報奨です。五十万石が大事で、大坂冬・夏の陣でじっとしていてくれれば、家康にとってはそれでいいのです。家康にとっては、どう難癖をつけて五十万石を返してもらうか、という課題が残るだけです。

武功派のかれは智将派の三成を、生前、

「口先だけの大名」

といって馬鹿にしていました。しかし、徳川の世になって、新しい国家経営が始まっていたのです。それにかれはついていけませんでした。かれは常々いっていました。

「おれは、いうならば弓である。弓は太平の世の中なれば、きっと土蔵にしまわれてしまう。あるいは折られてしまう」

その言葉どおりになりました。

正則は本多正純の奸計《かんけい》にあって、結局、信濃国高井村で病没しました。家は取り潰されました。かれのいったとおり、土蔵にしまわれ、あげくの果ては折られてしまったのです。清正と同じ武骨一辺倒で新社会に適応できなかった悲劇だと思います。

部下に慕われたが……

同じ秀吉恩顧の大名である加藤清正は早く死にましたから、自分の領地をとりあげられるのを見ないで死にました（息子の忠広の時、出羽に配流。ただし清正は毒殺されたという説もあります）。正則は長生きしたがために、自身が悲しい目にあったのです。

しかも広島城は無血開城しています。これまた謎です。なぜ抵抗しなかったのでしょうか。正則は江戸で「城明け渡し」命令を受けていますが、広島城で籠城覚悟の四千人の家来に対して、無事城明け渡しの書状を出しています。

四千人はその筆跡を確認したうえで、城を出ました。将軍から預かったのではなく正則から預かった城ですから、正則のお墨付きがなければ明け渡せないのです。その整然とした様子は後世まで語り継がれました。正則はいきりたつ部下たちにこういうのです。

「いまは泰平の世の中だ。俺は弓だ、武器だ。平和の世の中には、武器は川中島の土蔵にしまわれて鍵をかけられるべきだ。滅多なことをしてはならない。おとなしく秀忠様の命令に従おう」

善人で真実一路の正則は部下に慕われていました。今や正則にとっては、その一糸乱れぬ団結力を誇る四千人の家来こそ財産であり、力ではなかったかと思うのです。それを唯々諾々と離散させてよかったのでしょうか。

ちょっと待つ余裕

会社でこんなことがあります。

トップがある巨大プロジェクトをあなたに命令するとします。中間管理職であるあなたは、そのプロジェクト成功の可能性に一抹の不安を感じて、トップにそれを質します。

「もし、うまくいかなかったら、うちの部はどうなりますか？」

「骨は拾ってやる。取締役会として一札入れるから安心してくれ」

あなたは安心して邁進します。しかし事情が変わりました。プロジェクトは中止となり、部は解散させられ、あなたはお払い箱になります。よくあることです。

この場合、会社の方針が変わってからあわてて抵抗しても無駄です。カギは中間管理職であるあなたが、最初に一抹の不安を感じたという点です。このとき頑張らなければならないのです。

仕事のうえで、

「ちょっとこの点が気になるな」

と思いながらも忙しさにかまけて、あるいは、

「うるさい奴だ」

「小さい人間だ」

「抜け目のない奴だ」

と思われたくないばかりに、詰めを怠ることはよくあります。しかし得てしてそれが大事に至るのです。

「ちょっと待て」

と発言するより、一心不乱に仕事をしているほうが皆の受けはいいに決まっています。

しかし、時には、

「ちょっと待て」

が必要なのです。ことに人を率いる場合、一路邁進ではなく、あらゆる事態を想定していなければなりません。それが将たる者の宿命なのです。

その点、正則はあまりにも脆かったといわざるをえません。

一番槍へのこだわりをたしなめられる

正則にはこんな逸話もあります。既述のように、関ヶ原の合戦では徳川方に立ち奮闘します。そこで正則は一番乗りするところ、敵の陣に後から来た池田輝政が自分の旗を放り込んで、

「おれが一番槍だ」

と名乗ったのです。戦争が終わってから、池田家から福島正則のところに使いが来ました。そして使者は、

「本日はお互いに一番槍を相務め、おめでたいことでございます」

と挨拶したのです。正則は怒って、その使者に、

「くそくらえ」

と、雑言を浴びせました。その側に細川忠興（豊前小倉藩初代藩主）がいました。忠興は、

「福島殿、いまのはいい過ぎだ。いい直したほうがいい」

と忠告しました。しかし、正則は聞きませんでした。そして、さらに念を入れて、池田家の使者に、

「くそくらえ、と主人にはっきりいえ！」

といいました。使者が帰りかけると、忠興がいきなり刀を抜いて、使者を斬ろうとしました。驚いた正則は、

「細川殿、何をするのだ」

と叫びました。すると忠興はこう答えたのです。

「このまま使者を帰せば、使者は貴方のいった『くそくらえ』という口上をそのまま池田殿に報告す

る。そうなれば、たちまち貴方との間に争いが起きるであろう。そんなことをすれば、まだ世の中が落ち着かないのに、どれほど徳川殿が心配されるかわからない。だから、ここで使者を殺してしまえば、貴方のいったことは池田殿に届かず、万事うまくおさまるからだ」

正則は折れて、

「なるほどあなたのいう通りだ」

といって、使者に、

「ご苦労であった。池田殿に、本日は共に一番槍が務められて祝着至極であった、と伝えてくれ」

といったのです。短気であるがゆえなのか、マジメだからなのかわかりませんが、正則が「一番槍」にこだわったがゆえに起きたことなのだろうと思います。こういったことはわれわれの日常生活にもよくあります。

板倉《いたくら》　勝重《かつしげ》／几帳面すぎて窮屈

1545〜1624　79歳

旗本　江戸町奉行、京都所司代

主君の命令を保留するマジメさ

徳川の忠臣だった板倉勝重は、その子、重宗とともに名奉行として有名です。その事績は『板倉政

要』という「判例集」となって、今に語り継がれています。初代の京都所司代で、

「ものごとは、四角い器に味噌を入れて、丸い杓子で掬《すく》うようにしたほうがいい」

と度量が大きく感じられることをいっています。

その勝重にはこんな逸話がありました。

徳川家康が浜松から駿府に移った際、とくに板倉勝重を選んで、駿府の町奉行にしました。ところが勝重は、

「この任務は重すぎる」

として辞退したのです。家康は許しませんでした。そこで勝重は、

「家に戻って妻と相談し、お受けするかしないかを決めてまいります」

と返答したのです。家康は、

「おれの命令よりもお前は妻のいうことを重んずるのか」

と笑いました。

そこまでやるか？

家に帰った勝重は、衣服を脱いで座り直し妻にこう切り出しました。

「きょう、家康公からこういう命を承った。しかし、私はお前と相談しなければ決められないといって帰ってきた。どうする？」

と。妻は驚いて返しました。

「そのようなことを私に相談しなければ決められないというのは、少し行き過ぎです。上様の仰ると

おり、すぐにお受けになってください」。

　さらに勝重はいいます。

「そうではない。この職務を果たすには私の心がけだけではどうにもならないのだ。民を裁く以上、私は常にあらゆることに公正公平でなければならない。また、賄賂など受け取ることも絶対にしてはならない。しかし、公平を欠いて、自分の知る人間に都合のいい裁判を求めたり、また、つい何の気なしに品物や金を受け取ってしまうのは、多く女から起こっている。そのことが心配で、私は自分の家が公正を保てるかどうか、自信がなかったから、家康公にそういって帰ってきたのだ。もう一度考えてほしい」

　すると妻はこういって誓ったのです。

「訴訟の取り持ちは絶対にいたしません。自分の知る知らないで、無理なことは決してお願いしません。またわずかな金品でも家では絶対に受け取りません。さらに貴方の身の上にどんなことが起ころうとも、決して差し出口はいたしません」

　その妻の言葉を受けて勝重はこういいました。

「それでよい。それでは明日、お城に上がって、町奉行の職をお受けすることにしよう」

　翌日、かれはわざと袴の後ろの腰を捻って出かけようとしました。それを見た妻が、

「袴の後ろが捻れております」

　といって直そうとしたのです。

　すると、勝重はたちまち怒りの表情を顔に浮かべ、

「昨日、お前は誓ったばかりではないか。『どんなことが起ころうとも、お前は差し出口をしない』といったはずだ。何故、袴の腰が曲がったぐらいで、すぐそういうことをいうのか。もう町奉行の職はお受けできない」

といったのです。妻はびっくりして、

「私が出過ぎました。なんとも申し訳ありません。これからは気をつけます」

と詫びたのです。勝重はその妻の言葉を受けて、

「それでよい」

といって駿府城に行きました。そして家康に、

「相談の結果、駿府町奉行をお受けすることにいたします」

と家康に答えたのです。家康は笑った。

一緒に呑みたくないね

板倉勝重の人間性がよく出た話である。板倉のマジメ人間ぶりは評判が高く、そのゆえに、かれは公正な裁判をし続けたといいます。しかし、どうもこの話も面白くありません。すくなくとも、妻とそこまでやらなくてもいいのではないかと思ってしまいます。

この人とは、

「焼鳥屋で一杯」

という気持ちにはなりません。おそらく酒を呑んでもくだけることが絶対にないと思います。説教されるのが関の山でしょう。つまらないですね。

木村《きむら》　重成《しげなり》／筋が通り立派すぎ

1593〜1615　22歳

豊臣氏の家臣

家康に血判を押させる

　木村重成という武将がいました。大坂夏の陣において、豊臣方の若い大将として、その行動が際立った人物でした。大坂夏の陣のときはまだ二十二歳だったということですが、若い割には普段からできた人物でした。ソフトな人柄で、決して人の過ちを咎めませんでした。

　あるとき、大坂城中で重成は茶坊主と口論しました。そのとき、腹を立てた茶坊主が重成の烏帽子を扇で打ったのです。周囲は、

「重成殿は、きっと茶坊主を斬る」

と緊張しましたが、重成は笑い出したのです。そして、こういったのです。

「武士の作法ではお前を斬るべきだろうが、お前を殺せば、私も喧嘩両成敗で死ぬことになる。そんなことをしたら、やがて来る一大事のときに、私は役に立たなくなる。だから今日のところは見逃してやる」

　この事件で、木村重成は臆病者だという評判を立てられました。しかし、かれが大坂の陣で勇猛果敢に戦うのを見て、

「臆病者」

と罵った人たちは顔を赤くしました。

大坂冬の陣が終わって徳川方との和睦が成立した時、使者として徳川家康の所へ行ったかれが、

「誓約条項を必ずお守りください」

といって、家康の前で血判を押させた話は有名です。

マジメすぎて面白くない

やがて、大坂夏の陣となるわけですが、このとき、かれはある頃から飯を食べるのをやめてしまったのです。訝しんだ妻がその訳を聞くと、かれはこういいました。

「今度の戦いで、おそらく私は討死にすることになるだろう。そのときに、死体の胃の中に消化しきれない食物が入っているのは見苦しい。だから食事をとらないのだ」

またかれは、出陣の日に髪に香を焚き込めて出かけていきました。この日、かれは予言通り戦死するのですが、その遺体を収容した徳川方では、重成の髪から香る香の匂いに、

「これこそまことの武士よ」

と賛嘆しあったといいます。この出陣の日に、かれの妻も自刃していました。

戦国の美談といえばそのとおりですが、あまり面白くありません。要するに、木村重成はマジメすぎるのです。こういう話は美しいかもしれませんが、魅力のある話ではありません。少なくとも、木村重成と仲良くなって、焼鳥屋で一杯やろうという気にならないのです。

片桐《かたぎり》　且元《かつもと》／騙されやすいマジメ人間

1556〜1615　59歳
大和国竜田藩初代藩主

根っからのマジメ人間

桐一葉　落ちて　天下の秋を知る

大坂城落城を前に、大坂方の片桐且元という大名の行動を愛しんだ芝居に使われる有名なキャッチフレーズです。

片桐且元は近江の豪族の子ですが、先祖は信州伊那郡の出身で、豊臣秀吉に見出されて大名になりました。賤ヶ岳七本槍の一人でもあります。秀頼が生まれると、一万二千石を与えられて、その傅役《もりやく》になりました。秀吉はかれの誠実さを評価していました。

後に、秀吉が病気になると、五大老や五奉行の制度を定めて、豊臣秀頼への忠誠を誓わせました。自身は秀頼の補佐役を務めました。関ヶ原の合戦で石田三成が敗れ、豊臣家に家老がいなくなると、片桐且元は大坂城で秀頼の家老になりました。大坂茨木で一万八千石を得ました。そうしたのは徳川家康です。

根っからのマジメ人間で、かれは、

「たとえ一大名の身に落ちても、秀頼様が生き残って、豊臣家の名を残したほうがいい」

と考える現実派でした。だから家康が二条城に秀頼を呼んだときも、積極的に、

「会いに行くべきです」

と主張したのは片桐でした。そのためにかれは、多くの豊臣方の大名から、

「片桐は家康殿の鼻息ばかり窺っている。恩のある秀頼公を裏切る気だ」

と批判されました。

正直が裏目に出る

が、片桐にはそんな気が毛頭ありませんでした。京都の方広寺の鐘銘問題が起きたときも、かれは自分から家康に、

「申し開きをさせていただきたい」

と面会を申し込んだほどです。しかし、家康は、且元のような人間に会うと、その誠実さに負けてしまうので、会いませんでした。代わりに策士の本多正純に会わせます。正純は居丈高に、

「大御所様はいたく御立腹である。鐘を鋳つぶし、祈念法要を先に延ばしたほうがよい」

といい放ちました。

一方、秀頼の母、淀君は自分の使っている大蔵の局を家康の許に遣わしました。ところが、家康はこの女性とは会いました。そして、鐘のことは何も触れずに、

「秀頼殿によろしく。家康もいろいろ心を痛めております」

と調子の良いことをいったのです。つまり、片桐且元には本多正純に厳しいことをいわせて、女使者には自分が調子の良いことをいったのです。だから「大坂」への答えは二通りになってしまいました。片桐且元はそのことを知りましたが、根がマジメだから、家康に合わせて、秀頼や淀君には適当なことを報告するということをしませんでした。かれは本多正純のいったことを、そのまま伝えました。これが秀頼と淀君を怒らせました。

「片桐は家康公が女使者にいったことを故意に歪め、大坂方が家康殿に臣従することを強要している。不忠の臣である」

と曲解しました。片桐且元の身辺が危うくなってきました。かれは急いで茨木の自分の城に引き揚げました。大坂の陣で、家康に騙された秀頼と淀君は自殺しました。片桐且元は、その直後に死にました。

人には分相応というものがある

かれは評価が分かれている大名です。豊臣方の忠臣だったという説もあるし、また徳川家康の回し者だったという説もあります。それはかれのマジメさが裏目に出て、権謀術数を弄さずにありのままを伝えるという政治性の欠如から、そういう二面性を後世に残したといえます。

器量がそれほど大きくないマジメ人間に柄にもない大任を負わされたということもいえますが、この点は石田三成と同じです。三成もまた、豊臣秀吉の下で優れた行政官として腕はふるえましたが、徳川家康に対抗する一方の頭目となって諸大名を統御するということなど、とてもできなかったのです。

後年の豊臣方には「人」がいませんでした。加えて、三成の狭量さから、多くの豊臣方恩顧の大名である、たとえば加藤清正や福島正則、黒田長政など、すべて家康方に追ってしまったことが、失敗の原因でした。

そういう点、「人」がいなくなった後の大坂城で、たかだか一万八千石の小名で、大坂城のすべてを背負わなければならなかったところに片桐且元の悲劇があります。

もしかれが黒田如水のような権謀術策性に満ちていればよかったのですが、まったくそういうものがなく、マジメ一方の誠実な人間だったところに悲劇の二重性がありました。

天野《あまの》　康景《やすかげ》／自己流ですべてをなくす

1537～1613　76歳
駿河国興国寺藩主

家康を相手に喧嘩

徳川家康譜代の家臣に天野康景がいました。幼少期から家康に小姓として仕えました。家康が今川家の人質になったときも付き合いました。本多重次、高力清長《こうりききよなが》とともに三河三奉行と称されました。後に駿河興国寺一万石の大名になりました。

あるとき、天野の家来が家康の領地の役人と喧嘩をしました。家康は怒って取り調べをしました。

家康側の役人は、

「天野康景殿の家臣は盗賊です」

と申し立てました。これに対して康景は、

「いや、これは喧嘩です」

といい張りました。しかし家康は引っ込まず、本多正純という側近を天野のところにやって、こう勧めました。

「貴方のほうのいい分があるかもしれないが、家康公が頑張っておられる以上、長いものに巻かれたほうがよい。家康公は貴殿の家来を引き渡せといっておられるのだから、素直に引き渡されたほうが、今後、貴殿の出世のためであろう」

これに対して天野がいい返します。

「真っ直ぐなことを曲げるように、そんな曲がった物差しに従うことはできない。あの家来は、たとえ卑しい人間であっても私の家来だ。私の家来の罪は主人たる私の罪でもある。かれが罰せられるくらいなら、私が罰せられて滅んだほうがましだ。そう家康公に申し上げてください」

これを聞いた本多正純は、そのまま家康に報告しました。家康は考え込みました。やがて、

「天野のいうことが正しい。かれに謝ってこい」

といって、再び本多を使者として遣わしました。が、このときすでに天野は城を出て、

「こういう理由で、私は城を立ち退く」

という公開文書を残して去っていったのです。部下を庇うあまり筋を通したのです。

結局全てを失った

部下を庇うのはいいでしょう。しかし庇いすぎて結局、元も子もなくしてしまったのです。果たしてこれでよかったのでしょうか。もう少し何かソフトな方法がなかったのか、と思います。この人とも焼鳥屋で一緒に呑みたいとは思いません。

加藤《かとう》　清正《きよまさ》／武骨が過ぎた

1562〜1611　50歳
肥後熊本藩初代藩主

採用するなら中年か年寄りがいい

福島正則と似ているのが加藤清正でした。いうまでもなく、かれは武骨かつマジメ人間でした。熊本県ではかれの評判は今でも絶大です。かれは賤ヶ岳七本槍の一人であり、豊臣秀吉に見出されました。

かれは「人使いの名人」として有名でした。関ヶ原の合戦や大阪の陣で牢人になった人たちは、争って清正の家来になろうとしました。だが、かれは、

「上を学ぶ下、といひて、大将少しくつろげば、下々は大いに油断するものなり。上ひとりの心は、下万人に通ずるとかや」

といい、厳しい気持ちをもっていました。あるとき優秀な若者が仕官したいとやってきました。重役たちは、

「ぜひ採用しましょう」

と清正に進言しました。が、かれはこういったのです。

「この若者は確かに優秀だ。しかし、この若者を採用するとうちの若者たちが、それではわれわれは優秀でないのか、だからよその若者を採用するのかと僻むようになる。それではまずい。せっかくだが、この若者は採用しない。むしろ、加藤家で茶湯話の中に自分の経験を語るような老人の方がいい。あるいはまだ手柄を立てようと意気込む中年の方がいい。若者はやめろ」

これを聞いた部下の中の若者たちは、自分たちがそれほどまでに信頼されているのかと発奮したといいます。

採用された中年と老人もよく働きました。老人は参与というポストをもらい、自由に発言をしていいといわれました。いわば加藤家全体の目付的役割です。気になることがあると、

「こうしたほうがいいいんじゃないか」

と少しも威張らず謙虚な態度でいいました。そして、

「自分の経験では云々」

と、多くは失敗談を交えてのものでした。重役たちは清正に、

「老人のこういう側面がわかっていましたか」

とたずねました。清正は首を横に振りました。そして、

「老人がいまのようになったのは昔からではあるまい。加藤家に来てからかれも自己啓発をしたのだろうと思う」

と答えました。

三成に反目

かれはこんな側面がありました。信仰心が強く、拠点の熊本では寺をたくさん造りました。そして門前には桜を植えて並木にしました。裏には栗の木を植えました。

寺を参詣する人は桜を見て楽しむ。栗はいざというときの備荒食になり、薪にもなるというわけです。さらに城内には銀杏も植えました。畳には里芋の茎を使いました。いずれもいざというときのためでした。

しかし武功型のかれは行政型の石田三成と意見が合いませんでした。

「三成などは武士にあるまじき口舌の徒だ」

と軽蔑していました。

それを露骨に示すものですから、三成も清正を決してよくいいません。朝鮮出兵のとき、三成は散々、清正のことを秀吉に讒言しました。秀吉はそれを本気にして清正に閉門を命じました。

地震が起きたとき、清正が真っ先に大坂城に駆けつけて、初めて秀吉の勘気がとけたという話は有名です。清正は三成のいうような佞奸《ねいかん》の徒ではありませんでしたが、武骨かつマジメということで、つまり表面がなめらかでなかったので、しばしば誤解されました。

関ヶ原の合戦では、勢い、三成の味方はしませんでした。このとき、清正は熊本にいました。九州の多くの大名が三成方についたにもかかわらず、かれは敢然として徳川家康側に立っていました。

豊臣の忠臣であり続けたために

関ヶ原の合戦から十一年後、家康は京都二条城に豊臣秀頼を呼んで対面しました。このとき、家康は征夷大将軍になっており、秀頼は一人の大名に過ぎませんでした。しかし、かつて家康を家臣としていた豊臣家にしてみると、秀頼が家康に面会するというのは屈辱でした。さらに世間では、

「家康殿は秀頼公を暗殺するつもりだ」

という噂が流れていました。このとき、秀頼にピタッとついたまま、懐に短刀を呑んで、いざという場合には、家康を刺そうという決心をしていたのが清正でした。

清正のこの態度は家康にもはっきりわかりました。家康は、関ヶ原では自分に味方をした清正が、実は依然として豊臣秀頼の忠臣であることを見抜きました。

直後、清正は熊本に帰る船の中で発病し、間もなく死にました。発病の原因はわかりません。家康が毒を盛ったという説が有力です。

清正には政治性がありませんでした。うまくやることができませんでした。秀頼が生きている間は、秀吉の遺志を継いで秀頼を守り抜くということが、かれの信条でした。

かれは自分の信念に忠実に生きました。だが、そのマジメさゆえに家康の策にあって殺されてしまったのです。

「加藤清正」というと、その長い髭からして、さぞ歳をとっていると思われがちですが、死んだ時、かれはまだ五十歳でした。

平岩《ひらいわ》　親吉《ちかよし》／他人《ひと》の好意がわからない

1542〜1611　69歳
上野国厩橋藩主　尾張国犬山藩主

秀吉の贈り物を返す

平岩親吉《ちかよし》という家康の忠臣は、犬山（愛知県）で十万石の大名に取り立てられました。豊臣秀吉が生きていた頃のことです。

秀吉は調子のいい男ですから、家康の家臣たちにも盆暮れの贈り物は欠かしませんでした。ある年末のこと。平岩親吉、井伊直政、榊原康政、本多忠勝ら家康の重臣群に祝儀として密かに大金百枚ずつを贈りました。

井伊と本多はそのまま受け取り家康には報告しませんでした。榊原は家康に報告して、

「どうしたらいいでしょうか」

と聞きました。家康は、

「せっかく秀吉殿が下さったものだから、そのまま受け取っておけ」

と返事をしました。平岩親吉は初めから受け取りませんでした。

「私は徳川家康の家臣であり、家康公から大禄を受けております。衣食は充分に満足しておりますので、太閤殿下からこんなものを受け取るわけにはまいりません」

といって、わざわざ金を返しに行ったのです。

廉直といえば廉直なのですが、こういうマジメさも、どこか鼻白みます。やはり魅力がないのです。秀吉にすればさぞ小憎らしかったでしょう。

「人の好意を無にする奴は、犬に食われて死んでしまえ」

と秀吉はいいたかったたかもしれません。

が、家康からは信頼

しかし、そんな平岩を家康は重用しました。かれには後継ぎがいませんでした。かれは自分の死後は、所領を甲斐城主の徳川義直に譲るよう遺言していたともいわれています。しかし、家康は平岩家断絶を惜しみ、八男仙千代を養嗣子として与えていました。その仙千代は早逝します。

慶長十六（一六一一）年に平岩家は断絶しますが、『犬山藩史』では甥の平岩吉範が支配したとされており、一族は尾張藩士となり、姫路藩の家老職として続き、現在もその血筋は続いています。

石田《いしだ》　三成《みつなり》／過剰な正義感

1560〜1600　41歳
豊臣氏家臣　佐和山城主

秀吉の遺言が絶対

石田三成は琵琶湖畔の小さなお寺の小僧でした。かれには、秀吉が寺を訪れたとき、温いお茶、少し熱いお茶、熱いお茶と三段階に分けて出したことで豊臣秀吉に気に入られた、というエピソードがあります。

生来のマジメさをその後も前面に出して筋を通します。秀吉没後、その遺児、秀頼を大事にして盛り立てていましたが、徳川家康の「秀頼いじめ」に耐えかねて立ち向かいます。しかし、世の中の見るところ、秀吉亡きあとの「天下人」は明らかに家康であって、これは歴史の必然でした。世論もそういう方向でした。が、三成はこれを拒否します。彼は、あくまでも、

「豊臣家の遺児である秀頼公が次の天下人になるべきだ」

と考えたのです。なぜそうかというと、秀吉が死ぬ前に、徳川家康ら五人の大老に、

「秀頼を守り抜く」

「違背《いはい》はしない」

という約束をさせているではないか、家康はこれを守っていないではないか、と考えたのです。家

康はそんな三成のことを、心の中で、

「この若造め、融通のきかないやつだ」

と思っていました。ちなみに五大老とは、家康のほかに前田利家（加賀八十三万石）、宇喜多秀家（備前岡山五十七万石）、毛利輝元（中国百二十万石）、小早川隆景（筑前三十三万石）、上杉景勝（越後百二十万石）でした。

三成の厳しい姿勢は家康に対してだけではありませんでした。加藤清正や福島正則など秀吉恩顧の重臣たちの失敗を秀吉に告げ口をし、これを罰したりしました。

わざわざ敵をつくる愚

本来だと、秀吉恩顧の大名を自分の味方にしなければいけないと考えるべきなのですが、三成にはできませんでした。もし適当にかれらの失策を握りつぶして、恩を売っておけばよかったのです。これができませんでした。理非曲直《りひきょくちょく》を明らかにしないと気がすまないのです。その結果、三成は多くの敵をつくり、そして憎まれました。

加藤清正にしても福島正則にしても、手放しで家康を支持していたわけではありません。豊臣恩顧の大名が側にいながら、それを全部敵に回してしまいました。皆、家康についてしまうのです。

それだけではありません。

「俺が正義だ」

という三成の態度が、かれに人を裁かせるのです。しかし、人は人に裁かれるということを嫌います。

結局、三成の味方は大谷刑部《おおたにぎょうぶ》一人ぐらいなもので、最後は、関ケ原の合戦という大事を引き起こして、豊臣家滅亡の原因をつくってしまうのです。これは秀吉に恩顧を受けた大名のとるべき道ではなかったのではないでしょうか。

秀吉の遺児、秀頼があくまで生きのびて、「豊臣」の名を残すような方法を講ずるべきだったのではないでしょうか。「補佐役」としても、彼の融通の利かなさは、結局、人当たりが悪いという印象を生んで、味方となるべき人たちを敵にしてしまうのです。

何を、ではなく、誰が

関ヶ原の合戦のときは、まだ各大名が、

「あるいは……」

という日和見的な期待をもって合戦に参加していましたから、あるいは軍勢の数や武器その他からいっても、三成の西軍が勝つかもしれないという予想もありました。

しかし、大坂冬の陣、夏の陣は、もうそんな甘い予測は許しませんでした。家康に味方をした大名の色合いが実にはっきりしていたからです。特に、豊臣恩顧の大名がほとんど家康についてしまって、大坂城にいたのは浪人ばかりでした。

これはなんといっても、融通が利かなくて人当たりが悪かった石田三成の性格に起因しています。つまり、これは別な言葉でいえば、

「遊びがない」

ということになります。遊びがないから、人脈が広がらないのです。

なぜなら「遊び」は潤滑油であり接着剤です。それがなくて、ただ、

「俺は正義漢だから、常に正しい。悪いのは相手だ」

という態度で人を裁き続ければ、たとえ自分が悪いことがわかっていても、あまりガンガンやられれば、その人は裁く者も恨むし、また憎むのです。人心が離れる所以です。

石田三成が成功しなかったのは、かれにあったかもしれない正義の論が、やはり多くの人によって支持されなかったということなのです。支持されなかったのは、その正義の論が支持されなかったのではなくて、それを唱えている石田三成が支持されなかったということなのです。

すなわち、正義の論は、

「何をいっているか」

では成立しない。逆に、

「誰がいっているか」

ということで成立するのです。

豊臣恩顧の大名たちも、三成のいう正義の論にはうなずけるものがたくさんあるのです。しかし、たとえうなずけたとしても、彼らがそれに従わなかったのは、言い手が石田三成だったからなのです。

普段から融通が利かなくて遊びのない三成に対して、どうも親しみがもてないということは、信頼もおけないということになります。ましてや、自分たちのリーダーとして仰ぐ気にはまったくなれないのです。

リーダーとは、もっと器量が大きく深くて、清濁を合わせ飲むようなものがなければなりません。三成にはそれが欠いていたのです。

エピソードも面白くない

　ところで、石田三成が関ヶ原で敗れて、縄で縛られて押し込められていたときのこと、徳川家康の忠臣、本多正純がかれを馬鹿にしました。

「勝算もなく無謀な戦を起こすから、こんな惨めな目に会うのだ」

　それに対して三成がこう返します。

「小早川秀秋が裏切るとは思わなかった。また毛利輝元などの優柔不断な武将を誘ったのが間違いだった。小早川のために本当は勝つべき戦を負けにしたのは実に無念だ。しかし、これも天命だ」

　正純はさらにいいます。

「おまえは、かねがね智将の評判が高かったではないか。それなのに、人々の気持ちもわからずに軽々しく軍をおこし、しかも敗れた後、自殺もしないでこんなふうに捕まっているというのは、なんたるざまだ」

　三成がいい返します。

「おまえの発言は武略をまったく知らない者のいうことだ。腹を斬って死ぬのは、葉武者や雑兵のすることだ。おまえのような者におれのような将たる者の道を語っても、どうせわかりはしないだろう」

　結局、三成は、大坂と堺の町を引き回され、最後は京都でも引き回されて、六条河原で三成は斬られます。その引き回しの途中で、かれはひどく喉が渇きます。そこで三成は警護の役人に、

「湯が飲みたい」

といいます。役人は辺りを探しましたが湯が手に入りませんでした。そこで干し柿を出して、

「湯はない。代わりにこれを食え」

と差し出しましたが、三成は首を振りました。そして、

「当たると嫌だから食わない」

といったのです。これに対して役人は笑いました。

「もうすぐ首を斬られるという者が何をいっているのだ。柿に当たるもないもんだ」

と嘲笑したのです。すると三成は、

「それこそ心得のない人間である。たとえすぐに首を斬られるということがわかっていても、まだ命がある限り、おれは家康を狙うのだ」

と答えたのです。

親友の痛烈な忠告

いかにも三成の闘魂を語る有名な逸話ですが、そのマジメさぶりは、いささか辟易します。心構えとしては、なるほどこのとおりでしょうが、しかしこの状況において、三成が再び徳川家康を殺せるとは誰も思わないでしょう。

負け惜しみととられてもやむを得ません。実はこんなところに三成が遂にそこに至った必然性というか、多くの大名たちの心を掴むことができなかった理由があると思います。

かれが関ヶ原の合戦に踏み切ろうとする意志を、親友の大谷刑部に打ち明けたとき、刑部はこう応じたといいます。

「普通なら、おぬしのほうに義と理があるのだから戦いは勝てるだろう。しかし、惜しむらくは、い

ままでおぬしは人々にあまりにも威張り散らしてきた。だからおそらく多くの大名は日和見的には味方をしても、本心から闘う者は数少ないだろう。だが、わたしはおぬしの友人だ。おぬしのおかげで大名になった。だから死力を尽くして味方しよう」

大谷刑部のこの言葉が石田三成のマジメ人間ぶりに対して、その生涯の最後の場面において、痛烈な忠告をしたといえるでしょう。三成もまた、いかにもかれらしい逸話は数々ありますが、決して付き合って面白い人間ではなかったでしょう。

豊臣《とよとみ》　秀次《ひでつぐ》／いいかげんにやればよかった

1568〜95　27歳
関白　豊臣秀吉の甥

「関白」など返せばよかった

秀頼が誕生した後の豊臣秀次の立場は、たしかに微妙でした。秀吉は、我が子鶴松が三歳で夭折してしまったからこそ、姉の子である秀次に関白を譲ったのです。そのとき秀吉は五十歳でしたので、自分にはもはや子ができることはないと思い込んでいましたが、それができたのです。当然、秀吉は関白職を譲ったことを、

「早まった」

と後悔し、

「今からでもなんとかならないか」

と、秀頼に天下を継がせたくなくなったのです。このような秀吉の気持ちは、甥である秀次には手にとるようにわかります。

だとしたら、秀次はどういう態度をとるべきだったのでしょうか。

秀次にとっては、もともと棚ぼた式に転がり込んだ天下です。関白職など返せばよかったのです。

それが嫌なら、自分の娘と秀頼を縁組させればよかったのです。自分は単なる一時的なつなぎで、秀頼が成長したら天下を返すという意思表示です。

現に、秀吉のほうからその話をもちかけているのです。しかし、秀次はそれに乗りませんでした。

秀次の考えは、次のような、きわめて公式的なものでした。

○おれが、ねだってもらった天下ではない。おじさん（秀吉）が勝手にくれたんじゃないか。それを今さらなんだ。

○おじさんは秀頼を溺愛しているが、溺愛のあまり自分の死後に不安で、その心の動揺を石田三成や増田長盛ら寵臣に見透かされて、いいように踊らされているのではないか。三成や長盛は、秀次の天下になると自分たちが困るので、あれこれ策謀しているのだ。

○朝鮮出兵反対の譜代大名を糾合したのは、謀反のためではない。あくまでも豊臣家の将来のためであって、大政所や北政所も承知していることだ。

開き直ればよかったのに……

たしかに、局面だけを捉えてみれば、秀次に理があったかもしれません。それだけに秀次はよけいに自分が追い込まれていく状況に対して、

「理不尽だ」

と痛憤したのです。

「おれの愛妾や子女たちはどうなるのだろう」

と不安も感じました。特段、なす術もないのです。痛憤や不安は、ドロドロと胸の中にたまるばかりでした。昂じて、酒量ばかり増えました。ついには、妊婦の腹を裂いたり料理人の口に砂を押し込んで殺したり「殺生関白」の異名を得るようにまでなってしまったのです。

それにしても秀次は、なぜこのように精神的に脆かったのでしょうか。

「理はおれのほうにある」

という公式論にしがみつき過ぎたのです。

世の中は「理」ばかりで動くものではありません。現に秀吉は秀頼のかわいさのあまり、周りが見えなくなっています。だから秀次は、

「じゃあいいよ、(関白など)返すよ、返しゃいいんだろう。文句あるかよ」

といういい加減さ、換言すれば、開き直ればよかったのです。

おじさんの秀吉は、このあたりが巧みでした。かつて信長の命によって上杉謙信攻めに参加しながら、現地で柴田勝家と喧嘩をし、勝手に帰ってきてしまったとき、連夜のどんちゃん騒ぎをして、

「謀反の疑いなし」

と、自分の気持ちを示すような機智をもっていました。猜疑心の強い上司信長の心を溶かす術を知っていたのです。秀次にはそれがありませんでした。

悪貨は良貨を駆逐する

「グレシャムの法則」というのがあります。

「悪貨は良貨を駆逐する」

というものです。誰でも、金ピカの、良いお札は手許に持っていたいものです。だからヨレヨレの古いお札を先に使います。結果として、悪貨ばかり世の中に流通して貨幣の役割を果たすことになります。

これを仕事に置き換えれば次のようになります。
① 最も大切な仕事で、しかも仕上げるには相当のエネルギーを要する仕事（例えば、社長命令の新規プロジェクトの基本計画書の作成）＝良貨
② 細かな仕事で、しかも仕上げるにはほんの数十秒あれば足りる仕事（例えば、昨日の会議で配布された資料を自分のファイルに綴じ込む作業）＝悪貨
「①に取り組む前に②を仕上げよう」

と思うのが心理です。ところが②に属することは次から次に生じてきます。
○そうだ、C君に昨日の会議の結論を知らせておこう。
○あ、D君に昨晩の飲み代を払わなくては……。

○スケジュール表に次の課長会の時間を書き込んでおくのを忘れていた。

こういった具合にです。

こうして「ほんの数十秒」の仕事（悪貨）の積み重ねによって、肝腎の良貨に該当する仕事になかなか取り組めないのです。

それで「悪貨は良貨を駆逐する」のです。マジメな人間ほど陥りやすい状態です。いい意味での「いい加減さ」があれば、こんなことにならなくても済むかもしれないのです。

石川《いしかわ》　数正《かずまさ》／強すぎた自責の念

1533〜93　60歳
最初徳川家康、のちに豊臣秀吉家臣

過ぎたるは及ばざるがごとし

「しまった。あの時こうすればよかった」

「あれは不用意な発言だった」

「いけないあんなことしてしまった」

「あの失敗で皆に迷惑をかけた」

「おれはダメな人間だ」

等々、過去を振り返り悔やむことは誰でもあります。

(そんなことはない。これはいつだって正しい)

と思っている人もいるかもしれませんが、それも正確にいえば、いつだって、

「正しいと思おうとしている」

だけなのです。

「失敗した」

という自責の念が身を苛《さいな》むのが恐ろしいから、失敗という現実から目をそらしているだけなのです。

「世の中がうまくいかないのは、おれのせいじゃない。周りが悪いのだ」

と思って暮らしているほうが、確かに精神的に楽です。

とはいっても、あまり反省がないのも、そのこと自体が周囲からの攻撃の的となって、社会に対応できないという結果を招くこともあります。

要はそのあたりの兼ね合いの問題なのですが、少なくともこれだけはいえます。自責の念が自らを萎縮させ、エネルギーをロスしてしまい、失敗を挽回し事態を打開する機会をなくしてしまうことです。

「すまない。おれが悪かった」

と素直に謝って、失敗に素早く決着をつけ、そのうえで逆転する知恵をしぼらなければなりません。マゾヒスティックに自分をいじめているヒマはないのです。

秀吉に仕えてからはまるで別人

石川数正《かずまさ》は徳川家康の重臣でしたが、家康を見限って豊臣秀吉のもとに奔《はし》りました。徳川軍団に所属していたときは、桶狭間《おけはざま》の戦いの後、今川家から家康の正妻築山殿《つきやまどの》と嫡男信康を救出し、また織田信長との和議を成立させるなど、その活躍には目覚ましいものがありました。

その後も西三河の旗頭として、酒井忠次と並ぶ筆頭老臣の地位を確保し、家康が浜松城にあるときは、岡崎城代として徳川直臣《じきしん》に君臨しました。秀吉が台頭してくると、その折衝の柱に当たるほど、家康から信頼されていました。

これほどの人物であった数正が、秀吉に属してからは、鳴かず飛ばず、何事もなし得なかったのです。数正が伯耆守であったがためにこんな歌が歌われました。

家康の　はき捨てられし　古箒
都に入りて　塵ほどもなし
徳川の　家に伝わる　古箒
落ちての後は　木の下をはく

「木の下」というのはいうまでもなく木下藤吉郎、すなわち豊臣秀吉のことです。数正は秀吉のもとに来てからは、屋敷に引きこもって、ほとんど世に出なかったといいます。つまり、かれは、「主君を裏切った」

という自責の念に身を苛んで余生を送ったのです。

しかし、数正はそんなに自分をいじめる必要があったのでしょうか。

家康は使い捨て人事の天才

私は、否、だと思います。ほかの主君ならいざ知らず、徳川家康は史上まれにみる家臣切り捨て、身内切り捨ての「名人」なのです。

早い話が築山殿と信康です。信長からこの二人を、

「殺せ」

といわれて家康は殺してしまいます。家臣ではありませんが、せっかく家康に属した真田昌幸に対して、家康は北条氏との和議の都合で、

「沼田を北条に渡せ」

と命じたりしました。もっとも、このときは昌幸が抵抗して実現しませんでした。

数正出奔より後の話ですが、本多重次です。かれは家康の祖父である清康、同じく父の広忠、さらには家康と三代にわたり仕えた老臣なのですが、その忠臣を秀吉の命で左遷します。

秀吉は、かねてより重次にいい感情をもっていなかったといわれています。重次にまつわる有名な話は、

「一筆啓上　火の用心　お仙泣かすな　馬肥やせ」

という長篠の戦いの陣中から妻に宛てて書いた手紙です。丸岡城には「一筆啓上碑」があります。

さらに本多正純の父、本多正信は、家康が幼児のころから仕えていましたが、その子、正純は宇都

宮釣天井事件で失脚します。

この事件は、宇都宮城を無断で修築し、秘密裏に鉄砲を製造するとともに、宇都宮城に釣天井を仕掛けて、日光参拝の折に立ち寄る秀忠の暗殺を企てたというものです。

糾問された正純は出羽に移封することで罪を免じるという幕府の命を拒みます。身に覚えがないことですから当然です。このため、正純は久保田藩佐竹義宣に預けられます。流罪です。正純は秋田横手に流されそこで没します。

大久保長安は、当初は甲斐武田氏に仕えますが、武田氏没後は家康に仕えます。佐渡金山はじめ各地の鉱山を開発して家康に莫大な富をもたらします。

慶長十八（一六一三）年の没後、公金横領の疑いで科を受け屍に鞭打たれます。さらに父親の生前の調査を命じられた息子たちはそれを拒否し、結果、一族は断罪され、家は断絶することになります。

追放こそされていませんが、酒井忠次、榊原康政、本多忠勝、井伊直政といった「徳川四天王」は、戦場における永年の鬼神のような働きぶりにもかかわらず、せいぜい十万石台の領地しかもらえませんでした。

関ヶ原の合戦の勝利を家康にもたらした最大の功労者である福島正則と加藤清正の二人を、時間をかけて廃絶していく手順は見事でさえあります。

こんなことを書き連ねていくとキリがありません。家康の一生を一言で表現すれば、「身内・味方切り捨ての生涯」でもあるのです。

数正がたとえ秀吉に奔らなくても未来はなかったのかもしれません。だから自分を責めることはないのです。屋敷に引きこもっていることはなかったのです。堂々と伸び盛りの秀吉の軍師をつとめればよかったのです。

明智《あけち》　光秀《みつひで》／身を滅ぼしたユーモア欠如

1528〜1582　54歳

織田家家臣

正しかった？　光秀の論理

明智光秀の反乱は、ある意味では、悪徳王になりつつあった織田信長に対して、正しい行為であったかもしれません。その行為は、孟子のいう「放伐」に相当し、あの反逆は正当と認められたかもしれません。

しかしその実行者が光秀だからダメだったのです。だから同じように天下を横取りしても、豊臣秀吉や徳川家康の場合は、世間から責められませんでした。世論の指弾を受けなかったのは、二人がそれぞれ広い人脈をもっていたからです。

そして二人とも、どこか洒脱であり、遊びがあり、ユーモア感覚に富んでいました。家康は狸親父といわれていますが、その行為にはどこかユーモラスなところがあって、やはり人々から愛されるものがあったに違いありません。

秀吉についてはいうまでもありません。かれは「猿」という愛称をまったく嫌がらずに、自ら「猿」と名のって、世間の剽軽者《ひょうきんもの》になり、軽蔑されることをなんとも思いませんでした。そして、

「人間が渾名で呼ばれるのは、それだけに人に愛される徳があるからだ」

とうそぶいていました。

織田信長は部下に仇名をつけました。柴田勝家には「ゴン」、豊臣秀吉は「禿げネズミ」「サル」、前田利家には「イヌ」、明智光秀には「キンカン頭」といってからかっていました。

ユーモア精神があって、主人との関係が個人と個人の人間関係でつながっていると思っている部下は、上司がたまに悪口をいっても、それは冗談だといって聞き流しますが、マジメ人間はそうはいきません。悪口を本気で受け止めます。

光秀は信長から「キンカン頭」といわれることをストレートに受け止めていました。

「だから信長様はおれのことを公衆の面前で侮辱するんだな」

と思い込んでいました。

信長は行いが乱暴で、たとえ光秀でも髪をつかんで引き倒してひきずったり、あるいは秀吉を扇で殴りつけたり、投げ飛ばしたりしました。秀吉は何度そうされたかわかりません。しかし、かれはそうされても信長との人間関係を決して疑いませんでした。

「信長様はおれが可愛くて、ああなさっているのだ」

と自分に都合のいいように解釈していました。しかし光秀はそうはいきませんでした。かれは信長

の言行をすべてマジメに受け止めたのです。だから、とくに人格侮辱に対する怒りが次第にふくれあがっていきました。

言っていい人と悪い人

その決定打となったが中国戦線への「出張命令」でした。毛利と戦っている秀吉に応援に行けと信長から命令されました。それも司令官としてではなく、秀吉の補佐役としてです。しかも、いま光秀が治めている近江国と山城国を召し上げ、その代わりに、島根と鳥取を自分の力でとって領地にしろ、というのです。

納得できないまま、光秀は、中国戦線に赴くような形をとりながら、突然、

「敵は本能寺にあり」

と宣言して、道を東にとり、突如、京都に突入しました。

信長の「人格侮辱に対する怒り」にキレたのです。ただ、光秀は自分に対する侮辱だけの怒りでそうしたのかどうかは疑問です。部下にしてみれば、自分たちのトップへの侮辱は部下たちに対する侮辱でもあります。我慢し続けるトップを見て、部下たちは、

「たまにはオヤジに反抗してみろよ」

と思うものです。その部下たちの空気も大事にしなければなりません。それが昂じると、光秀に対する不信感が醸成され、統制がとれなくなります。

おそらく光秀は、こういう空気を感じ取っていたのだと思います。それにしても、もし秀吉のようなユーモア感覚があれば、あんな行動はとらなかったでしょう。

一方で、上に立つ者や周囲の者は、マジメ人間のこのユーモア精神の欠如をよく見極めていなければなりません。そうしないと、ちょっとした一言で生涯恨まれることになります。

面白くない美談

また、光秀にはこんな話もあります。かれがまだ貧乏だった頃、友人が集まっては輪番でご馳走をする習慣がありました。そして光秀の番になりました。しかし、貧乏で到底友達を招くお金がありませんでした。そこで妻に、

「おれのところは辞退しようか」

と聞きました。すると、妻はにっこり笑って、

「なんの心配もいりません」

と答えたのです。当日になりました。大変なご馳走が出ました。酒もふんだんにありました。光秀は驚いて台所に行き、そっと妻を見ました。妻は頭巾をかぶっていました。あの長かった黒い見事な黒髪がなくなっています。光秀は訳を聞きました。すると彼女は恥ずかしそうに頭巾をとって、

「私の髪を売ってご馳走のお金を整えました。でもなんのご心配もなさらないでください」

といったのです。光秀は感動して、

「妻にこんな思いをさせないためにもおれは出世しよう」

と心に誓ったというのです。間違いなく美談です。が、面白くありません。

鎌倉時代の下野国（栃木県佐野市）佐野常世《つねよ》（源左衛門）が諸国回遊中の北条時頼に、

「なんのもてなしもできない」

といって、大事な梅の鉢の木を叩き割って、暖房燃料にしたのと同じような話です。こういう話に凡人の共感がわかないのは、昔もいまも同じです。美談だが、佐野常世や明智光秀とその妻に親しみがわかないのも、そんなところに理由があるのではなかろうかと思うのです。

最後は無常感に浸る

順逆二門なし
大道心源に徹す
五十五年の夢
覚めきたり一元に帰す

光秀の辞世とされるものです。謀反に対して気にしていたのでしょうか。が、光秀にとっては、世の中に反逆も忠順もないので、あるのは心のそこを流れる一筋の道だけでした。五十五年間そういう夢を見続けたが、今覚めてみればただ元に帰るだけのことだという意味でしょう。

戦国時代は人を殺します。人を殺せば地獄に落ちることになりますが、地獄には落ちたくない。だから仏にすがる。が、仏は悪行を望みませんので、善悪を越えた次元に到達したいという思いが無常感としてあらわれるのでしょう。

武田《たけだ》　勝頼《かつより》／「常に控えめ」がアダ

1546〜82　37歳
甲斐武田家20代当主

ネクラは感染《うつ》る

「精神病は伝染病」

という奇説があります。世の中には、

「あいつと話していると、こっちまで頭がおかしくなる」

という例がよくあります。これを「明るい」「暗い」という雰囲気に当てはめれば、明るく楽しい人と話をしていれば、こちらもなんとなく弾んできます。

逆に、いかにもネクラのジメジメした人と話していると、こちらにも疫病神が乗り移ったような気がして、気持ちがどうしようもなく沈んでしまいます。

楽観・悲観という見通しの問題についていえば、

「あの人と話をしていると、特にどうということをいってくれるわけではないが、なんとなくうまくいきそうな気がしてくる」

という人と、

「いったんやる気になっていたんだが、かれと話をしていたら、なんとなく失敗しそうな気がしてきたからやめようかな」

となってしまう人と、人間には二種類あります。

一対一の人間関係の場合であれば、その気分が相手方に伝播するだけですみます。しかし、その人が集団のリーダーであった場合は影響が大きくなります。しかも集団が大きくなればなるほど、リーダーの気分は、対話というコミュニケーションの方式よりも、

「リーダーがどういう行動をとったか」

という言動の報告という形で集団に伝わることになります。

一般に、リーダーが集団を見ているよりも、集団側からのほうがずっとよくリーダーを見ているものです。リーダーのちょっとした言動が、集団に大きな影響を与えます。だから、リーダーは言動によほど気をつけなければなりません。

最後は部下に見捨てられ

武田信玄の子供、武田勝頼は勇猛な武将でした。父信玄の死後、一時は信玄の時代よりも版図を拡大したほどでした。だが、かれの三つの戦術的選択の誤りによって、家臣団に武田家の将来に悲観的見通しを抱かせるようになりました。

長篠の戦いで織田・徳川連合軍に敗れた直後のことです。

① 遠州高天神城を見捨てた。この城は信玄がどうしても抜けなかったものを勝頼の時代になってから獲得したもので、勝頼の勇将ぶりの象徴だった。

② 後に、武田を裏切って徳川についた穴山梅雪の進言を容れて、韮崎に新城を築き始めた。それ

まで、つつじが崎館に住んでいたのは「甲府を攻める敵などあるものか」という自信を示すものだったのだが。

③　信長の機嫌をとろうとして、甲斐に人質としてとっていた信長の末子の御坊丸（勝長）を信長の元に送り返してしまった。信長は機嫌を直すどころか、勝頼をバカにし始める結果となった。

こんなふうに勝頼自身が悲観的見通しを示す行動をとったら、家臣団が武田家の将来を楽観するわけがありません。

織田・徳川連合軍が甲斐に攻め入ってきたときには、武田家臣団は次々に降伏してしまい、ろくな戦争も行われずじまいでした。

勝頼は新築途中の新府城を捨て、つつじが崎館を捨て、その挙句、武田二十四将の一人、小山田信茂の岩殿山城にも入れてもらえず、付近の山野を彷徨して妻妾子女たちとともに自刃する羽目に陥りました。あっけないくらい脆く、武田軍団は崩壊してしまったのです。

楽観論はリーダーの最低条件

武田勝頼を悲観の極端とすれば織田信長はハッタリの極端です。

企業でも行政でも、新規プロジェクトに取り組むとき、リーダーが、

「うまくいかないかもしれない」

などと悲観的見通しをしたら、構成員はプロジェクトの失敗、解散後のことを考えてしまい、仕事に熱が入らなくなります。

確かにあらゆるケースを想定して、手を打っておくことは必要です。しかし、気分として悲観的ムー

ドが漂ってしまっては、本来もっている力さえ発揮できません。

　これはリーダーの場合に限りません。フォロアーの場合も同様です。（一度かれにチャンスを与えてみよう）と思っていても、

「いや、うまくいくとは思えません」

などといわれては、大事な仕事を任せることはできません。

　むしろ、

「かれと組めば何事もうまくいきそうだ」

という印象をもたれるようでありたいものです。

　無論、仕事も人生もあまりにも不確定要素が多すぎて、うっかり橋も渡れないのも事実でしょう。でも、多次元方程式を解くのに、必要なキーのほんの数十分の一、いや数百分の一しかもたず、それでもその限られた判断材料からなんとか手探りで進路を決めていくのが仕事であり、人生です。

　だからこそ逆に、楽天的なほうが物事がうまくいくし、多少のハッタリも通用するのです。

やる気を起こさせる信長

　信長は、今川義元を桶狭間に奇襲するとき、自分は神仏などこれっぽっちも信じていなかったのに、熱田神宮に参拝し、そのとき突如として白鷺を飛ばす演出をしました。

「白鷺だ！」

「縁起がいいぞ！」

「必勝間違いなしだ！」

と、ムードを盛り上げるのです。そうでもしなければ、とても弱小国の少数兵団を怒涛のごとき大軍に立ち向かわせることはできませんでした。

信長が神仏を利用したのはこのときだけです。以後は、桶狭間奇襲戦の成功をよいことに自分の権威しか認めませんでした。

都合のよいときだけ神仏に頼んだわけです。後は将軍の権威さえ認めませんでした。

「おれがカリスマだ」

で一生を通します。その点、一貫していて、胸がすくような一生です。が、

「おれがいちばんエラい。おれが正しい。トラブルが起きたら相手が悪い」

という態度をいつも表面に出して生きていたら、戦国時代はそれで通っても、現代社会では、

「イヤ味な奴だ。鼻につく」

ということになって、かえって生きにくいものです。

しかし反面、組織の中であらゆる人とうまくやっていくということは不可能です。どうしても、

「あいつとはウマが合わない」

「あの人は生理的にキライだ」

ということはあります。もし誰とでもうまくやっていく調子のよい人がいるとしても、それならそれで、今度は、

「かれの『誰とでもやっていく』点が気にくわない」

などという人が出てくるものです。

悲観論者はいじめられやすい

そういった、人と人との気持ちの織りなす複雑な綾の中で、集団の構成員にいじめられっ子という立場になる人がいます。

子供の世界の話ではありません。大人の世界において、です。

「あいつがダメだから仕事の成果が上がらない」

ということから始まって、

「おれもダメだが、あいつよりマシだ」

ということで終わります。卑怯な話ですが、いじめられっ子になるのはたいてい物事に悲観的で、ハッタリがなくて言動が控えめな人です。

そうわかっていても、どうしても悲観的が気分になってしまうことがあります。そんなとき、どうしたらよいのでしょうか。

悲観論をぶっとばす思考法

先人が教えた方法が三つあります。

① 空を見上げて宇宙を考える。この大きな宇宙の中で、地球はなんとちっぽけな存在なのだろう。いわんや、日本だとか、自分の会社など、とるに足らない存在だ。私個人などいうまでもない。もし人生に失敗したって、しょせん塵みたいなものではないか。

② 古代や中世の歴史書をひもといてみる。天下国家を動かす戦争を扱った人でさえ、ずいぶんと判断を誤って困難に遭遇してきているではないか。それに比べて、自分の直面している困難など

大したことはないし、第一、歴史全体からみればとるに足らない小さな出来事、それも一瞬に過ぎ去ってしまうことではないか。

③ 自分より不幸な人たちのことを考えるのは失礼だし、少し気が咎めるが、背に腹は変えられないので考えてみる。大変な負債を抱えながら生きている人もいるし、不運な事故や病気で肉体的苦痛に耐えている人もたくさんいるではないか。それに比べたら、自分の当面しているこんななど、困難ともいえない程度のものだ、それに、自分だって、もっとひどい状態の時があったではないか。あのときに比べれば今のほうがずっとマシだ。

山中《やまなか》 鹿之介《しかのすけ》／自ら苦労を背負い込む悲劇

1545〜78 33歳
山陰地方の武将　尼子氏家臣

七難八苦の悲劇の武将

山中鹿之介は尼子氏の一族で、出雲の富田城を本拠とした尼子氏のために、

「願わくば、我に七難八苦を与えたまえ」

と天に祈って、その願い通り七難八苦を与えられた一生をおくりました。

八歳のときに人を殺し、十三歳で戦場に出て敵の首をあげ、十六歳のころから、三日月の兜をかぶっ

て、荒武者としての実績を次々とあげていきました。

父は早く死に、貧しい中を母の手一つで育てられたといいます。母は、口癖のように少年鹿之介に栄光ある山中家の過去を語り続けたといいます。それが鹿之介の生きる信条になり、

「なんとかして、山中家を再興しなければ」

という「悲願」が、尼子氏を助けて武功をあげるという行動に結びついていったのでしょう。

かれの母は、尼子氏に身を寄せているころ、付近の少年を片っ端から家に呼び込んでご馳走して、鹿之介と遊んでもらったそうです。そのために、これらの少年がほとんど鹿之介の家来のようになり、かれを助けて尼子氏のために闘いました。

しかし、織田信長や毛利氏が覇を争う中国地方では、尼子氏や鹿之介のような一忠臣の活躍分野は少なく、鹿之介は織田と毛利の間にあって翻弄されました。

上月城に立て籠もった尼子勝久と鹿之助を救うために羽柴秀吉が派遣されましたが、中国戦線の急変によって信長は秀吉をここから引き揚げさせます。

この結果、勝久も鹿之助も捕えられ、毛利氏のために、備中後部川の渡しで斬られます。

文字どおり、七難八苦を与えられっぱなしで、なんら報われることはありませんでした。おそらく、かれが天に祈ったその祈りは、本心ではないでしょう。しかし、天はこの人物の願いを叶えてしまったのです。マジメを絵に描いたような生涯でした。

思い込んだら命がけ

かれは尼子家の再興にすべてをかけました。戦前の教科書には忠臣の代表として、かれの冒頭の言

葉が載っていました。私は冒頭のかれの言葉を次のように解釈しています。

どんなランクにいても上司である者は、

○職場を襲うあらゆる難問題は自分が受けて立つ。

○そして、それに対応し解決する力があるかどうかは、多くの難問題を経験しなければわからない。

○そのときの自分の能力を確認する意味と、同時にさらに能力を向上させるためにもそういう難問題に立ち向かうことは大切なのだ。

○そうすることによって、部下たちに安心して仕事をしてもらう。同時にそれらが自分への信頼感を増すことにつながる。

山中鹿之介からは「香り」だとか「ゆとり」だとかの気配は感じられません。ひたむきに、一途に、

「思い込んだら命がけ」

という感じで生き抜いていったイメージが強いのです。

だから、その生涯は終始、緊張した一本の鋼鉄線のようなものでした。それはある意味で立派なのですが、周囲の者に、いつ、どこで折れるかという気持ちを抱かせてしまうのです。

周囲はかれのために終始ハラハラし通しでした。そのあたりが、かれを大器にしなかった一番大きな原因だったかもしれません。もちろん、かれが置かれた境遇が弱小国の忠臣という立場にあったにしても、です。

上杉《うえすぎ》　謙信《けんしん》／面白味がない立派さ

1530〜78　48歳
関東管領　越後国大名

マジメ一直線

上杉謙信は毘沙門《びしゃもん》信仰を貫き、生涯、妻を迎えませんでした。これに対してライバルの武田信玄は女好きで、妻の他にも何人も妾がいましたが、謙信は妾はおろか妻すらいませんでした。信仰一途に生き抜きました。

天正元（一五七三）年四月、信玄がこの世を去ります。そのとき、謙信は食事中だったといいます。かれは信玄が亡くなったという知らせを受けると、いきなり箸を投げ出しました。

「それは残念なことだ。名将を死なせてしまった。真の英雄とは信玄公のことをいうのだ。関東の武士の柱がなくなって、これは惜しいことである」

といいながら、涙をこぼしたそうです。家来たちは、

「この機に乗じて信濃に出撃すれば、信玄が侵略した信濃を取り戻すことができましょう」

と勧めたのですが、謙信は怒り出して、

「若い勝頼の代替わりを狙って信濃に出撃するのは、人の道に外れている。そんなことは私はやらない」

といって出撃しませんでした。

「人が落ち目の時に喧嘩を売る奴は、人間的に信用できない」

というわけです。

天下人の器にあらず

この場合は、謙信の家来のほうが正しいと思うのです。というのは、上杉謙信は、決して信濃国や他国を侵略しませんでしたが、信玄の生涯は他国の侵略に終始しました。群雄割拠していた信濃国を攻め取って己が領地とし、守護職の地位まで得たのも、元々は、父の信虎時代からの攻略によるものです。

信濃国には信濃国の諸大名がいたし、またれっきとした守護もいました。それを放逐して武力で信州の土地を掠《かす》め取ったわけですから、義のために謙信が立ち上がって、信玄が死んだのを機にそれを取り返したとしても、誰も文句はいわないでしょう。

またそうするほうが国をとられた信濃の諸大名も喜んだのではないでしょうか。


が、謙信はそうしませんでした。先述したように、

「名将が死んだ直後に、跡継ぎがまだ若いのを狙って、人の落ち目に漬け込むような戦いはしない」

といい切ったのです。

部下は息苦しかっただろう

かれはこんなことをいっています。

「武辺の働きは武士の常なり。百姓の耕作も同じ。武士は只平生の作法をよく義理正しくをもって上

とす。武辺の働きばかりをもって知行多く与へ、人の頭とすべからず」

義によって立つという合戦哲学をもっていた謙信ですから、部下に対してもこういう管理方針を示していました。

武士が戦場で手柄を立てるのは農民が農耕に従事するのと同じで当たり前のこと。したがって、戦場で手柄を立てたからといって多額の褒美を出すべきではなく、むしろ、その人間の品格に注目すべきだというのです。

謙信自らが常に自分の品格を正しく高く保とうと思っていましたから、部下にもそれを求めたのです。

武田信玄との戦いは五度にわたりましたが、結局決着はつきませんでした。武田信玄の甲斐は山国です。海がありませんから、生活必需品である塩は同盟国である駿河の今川氏や相模の北条氏から「輸入」していました。ところが武田と北条氏と今川氏との同盟が破れたので、今川氏と北条氏は武田側に塩を送らないことにしたのです。

これに謙信が怒りました。

「私を止めれば、何の罪もない一般の人たちが困る。よし、それならばわたしのほうから塩を送ろう」

こういって、謙信は敵である信玄に塩を送ったのです。

謙信は何よりも義理を大事にしました。ただ、この義理について、こういっています。

「心に欲があり、驕り、邪な心、むさぼる心、諂う心、怒り、曇った心、卑怯な心、卑しい心、不幸な心、不忠の心、慢心などの気持ちがあった時は、決して発揮できない。義理を立てるためには、まず自分の心からこういう諸々の嫌な心を去らせることが肝要だ」

立派です。が、普通、人並みの欲望や感情にのたうちまわる凡下のよくいわれることではありません。それだけに面白味も欠けるのです。部下たちは、さぞ息苦しかったでしょう。

新田《にった》　義貞《よしさだ》／空気を読めない悲しさ

1301～38　37歳

鎌倉時代から南北朝時代の御家人

尊氏との違い

足利尊氏と新田義貞は同時代を生きた人です。

二人とも源氏であり、八幡太郎義家に端を発する足利・新田の両家は貴種として抜群であり、こういう人の下で働くことを地方武士たちは生き甲斐に感じていました。その血筋の足利尊氏も新田義貞は、いわば武士階級を代表する一大スターでした。

後醍醐天皇が挙兵したときに、尊氏は故郷の丹波篠山で天皇に味方することを宣言し、義貞も上野国（群馬県）の生品明神《いくしなみょうじん》の社前で反北条の軍を起こしました。ただ、ここから二人の容易ならざる確執が始まります。

尊氏はなかなか目端がきいていて、義貞の鎌倉攻めには四歳になる自分の子供義詮《よしあきら》を総大将に据えました。

どうしてそのようなことができたのかというと、両家の格の違いです。

足利家は鎌倉幕府の中でも上位にいたのに対して、新田家は単なる御家人でした。このこともありますが、決定的だったのは、尊氏のほうが時代の空気、すなわちニーズをつかみとるのに優れていたからです。

鎌倉幕府を倒してできた建武新政において、後醍醐帝は恩賞を期待して奮闘した武士に対して冷たいものでした。

恩賞方という役所を設けますが、この役所の運営は一部の公家と帝の寵妃《ちょうひ》が牛耳っていましたから、賄賂を使う者が恩賞に授かりました。地方武士たちの不平不満は日本全体に満ち満ちました。

この状況にあって、尊氏と義貞の選ぶ道が分かれます。義貞が貴族社会に自分を溶け込ませることによって生き残る道を探ろうとしたのに対して、尊氏は違いました。

かれは武士たちの不平不満を「時代の空気」「時代のきしみ」と捉え、新しいニーズとして認識しました。まさに経営者感覚です。

義貞の貴族社会への道は、平清盛、木曾義仲、源義経がたどった道でした。かれは歴史の法則に逆らったのです。現に一代で滅び去りました。

尊氏の人気に負けた義貞

一時期の国史観では、足利尊氏が「天皇に背いた逆賊」として扱われながらも、人気があるにもかかわらず、一貫して南朝の忠臣であった新田義貞の人気はもうひとつ沸きませんでした。

義貞は凡将ではありません。稲村ケ崎で刀を放り込んで潮の弾くような仕掛けをしたことで有名ですが、それとて義貞の人気を大きく挽回するほどの役割は果たしていません。

それにひきかえ、尊氏は「逆賊」だといわれながらも、かれの人間的な悩みやその行動は多くの人の共感を得ています。かれの立場にすれば、やむを得なかったのではないかというような共感を生んでいるのです。

また同時に、楠木正成ですら、

「新田義貞を捨てて足利尊氏と講話を結ばないとえらいことになります」

と、後醍醐天皇や側近たちに苦言を呈しているのです。そしてそのとおりになりました。

新田義貞一辺倒の南朝はやがて滅び、北朝と合体しましたが、現実には現在の天皇も北朝系ですし、足利尊氏の路線が生きているのです。

武士たちの不平不満を感じた尊氏は六波羅に拠点を置き、

「不平不満のあるやつはここに来い」

と、かれらの相談役になりました。武士たちはここに殺到します。もちろん、源氏の嫡流という血筋の良さが加勢したことも事実です。だから殺到した武士たちは、尊氏のいうことはすべて信用しました。

尊氏も恩賞方に柔らかくねじこんで、その非を正し、理由のある武士には公平な裁きをつけてもらいました。恩賞を与えるべき武士にはどんどん恩賞を与えてもらいました。

尊氏のこの動きは公家や寵妃は警戒します。特に帝の息子である護良親王《もりよししんのう》は、このままでは尊氏がかつての北条氏のように一大パワーとなるとみて敵対します。
この動きを察知した尊氏は親王を捕らえて、弟の直義に殺させます。

弱点が魅力になる

足利尊氏の故郷である栃木県足利市では、かれを見直そうという運動が起きました。かれの書いたサインがネクタイのデザインに使われたり、諸々の顕彰運動が行われました。また、お祭りの日には行列ができ、

「足利氏を素材にして、もう一度、地域の文化運動を盛り上げよう」

という動きも起きました。かれの名前を冠したマラソン大会や「たかうじ君」というイメージキャラクターもつくられています。

しかし、こういった人気は新田義貞にはありません。足利尊氏が非マジメ人間だということではありません。が、ある意味で、新田義貞がマジメ過ぎたのです。魅力の点において、尊氏に比べて何かが欠けているのです。

マジメ人間より非マジメ人間が人気があるということではありません。そういうことではなく、人気があるのは、どこか破れ目や弱点があるということなのです。人々がスッと入り込めて、親しみをもてる弱さをもっているということなのです。

新田義貞に比べて足利尊氏は非常に弱い人間でした。京都で戦ったとき、義貞が単騎馬を集めて、寺の中にいる尊氏に、

「一騎討ちをしよう」

と申し込んだことがありましたが、尊氏は出て行きませんでした。尊氏は卑怯だという見方もあります。そうではなく人々は、むしろ義貞の猪突ぶりを笑うのです。

足利尊氏が清水寺に捧げた願文には、こうありました。

この世は夢の如くです。尊氏にどうか道心を賜ってください。そして後生を助けてください。わたしはいま、早く遁世したい気持ちでいっぱいです。道心を賜らせてください。今生の果報に代えて、どうか後生を助けてください。今生の果報は弟に賜って、忠良を守ってください。

建武三年八月十七日　尊氏花押」

これほど尊氏の心情を語っているものはないと思います。こういう文章を平気で残すほど、尊氏は人間的であったのです。

畠山《はたけやま》 重忠《しげただ》／潔さもほどほどに

1164～1205 42歳
鎌倉幕府の御家人

頼朝の信は得たが……

源頼朝の家臣畠山重忠は、頼朝が伊豆蛭ケ島《ひるがしま》で蜂起したとき、最初は平家方に与していました。頼朝の味方をした三浦一族を鎌倉で破って、外祖父の三浦義明（母の父）をも破りました。義明は涙をのんで自刃しました。しかし、房総へ渡った頼朝が力を盛り返して北上してくると、重忠は頼朝に味方をするようになりました。

ただ、かれは自分の行動についてPRをしたり、釈明したりすることをしませんでした。梶原景時がよく讒言《ざんげん》しました。

頼朝も放ってはおけないので、重忠と親しい下河辺行平を使者として赴かせ、問罪させました。下河辺は、

「わたしはあなたと友人だ。しかし、頼朝殿にいわれて来た以上、仕方がない。もしあなたが無実であれば、そんなことは覚えがないという誓いの文章を書いてもらいたい」

といいました。それに対して重忠は、

「誓いの文章というのは、もともとの言葉を信じられないから書くものだ。わたしは初めから頼朝公

に背く心などもっていない。もしあなたがわたしの本当の親友ならば、誓いの文章ではなく、わたしの言葉そのものを信じてくれ」

と答えました。頼朝は、このときは重忠のいうことを信じました。

潔いが……しかし……

しかし、頼朝が死んでしまうと、野望を露骨にした北条一族は、頼朝の忠臣群がみな邪魔になってきました。畠山重忠もそのひとりでした。そして北条は様々な策を弄して、重忠を滅ぼそうとしました。ところが、重忠はなんの釈明もしませんでした。ついには北条氏の謀略にかかり、武蔵国二俣川（横浜市）で討たれてしまいます。このときも重忠は、

「おれは鎌倉幕府に背く気持ちなど微塵ももっていないが、北条氏がそれを信じないのだからやむを得ない。このうえは、存分に戦って、敵を一人でも多く斬り殺してやる」

といって、敵の大軍に突っ込み壮烈に死んでいきました。

釈明をして、北条氏の意を迎え入れれば、あるいは生き残れたかもしれません。が、重忠はそういうことをしませんでした。

かれにしてみると、腹にないことをいったり、誓いの文章を書いたりするくらいならば、潔く死んでしまったほうがましだったのです。だからかれはそうしました。

現代において、はたしてかれのこんな生き方が通用するでしょうか。疑問です。それは、かれとともに行動を共にする部下が大勢いたからであり、部下には、当然養わなければならない家族がたくさんいたからです。

たしかにこの辺の身の処し方はむずかしいものです。進退を潔くしようとするあまり、マジメ人間は前後の考えなしに猪突してしまう癖があります。そのため、周りのひとたちを不幸にすることがしばしばあります。畠山重忠もそういう人間のひとりだったのです。

源《みなもと》 義経《よしつね》／最後に自分を捨てられず

1159〜89 30歳
鎌倉幕府初代将軍源頼朝の異母弟

鎌倉幕府政権最大の功労者なのだが

鎌倉幕府の初代将軍は源頼朝ですが、政権樹立に最も尽力した人物が源義経であることには誰も異論ないでしょう。かれは平家との戦いでは捨身の武勇を示しました。

一ノ谷におけるひよどり越えの逆落としの奇襲、屋島における暴風突破の渡海、壇ノ浦における八艘飛びなど、いずれも命を惜しまず率先垂範、見事な戦いぶりでした。鎌倉にいた頼朝もこのように矢継ぎ早に勝報が舞い込むとは予想外だったでしょう。

結論からいうと、戦《いくさ》においては「捨て身」の武勇を発揮した義経は、政治的には捨て身となることができませんでした。

頼朝は、配下の武将たちに対して、朝廷から勝手に官位を受けることを禁止していました。にもかかわらず、義経は無断で五位の尉の任官を受けてしまうのです。しかも、義経はその任官は当然だとしたのです。これを許したら部下たちに示しが付きませんので、頼朝は当然怒ります。

頼朝は、鎌倉を訪ねてきた義経を手前の腰越で止めてしまい、鎌倉に入れませんでした。そこで義経が頼朝の側近、大江広元に頼朝との仲介を依頼した手紙が有名な「腰越状《こしごえじょう》」です。

私は平氏追討の役目を仰せつかり、命がけで働きました。ついに朝敵を滅ぼし、一門の恥を雪ぎました。私自身は、ただ父上の霊を安めたいと念じていただけなのですが、ありがたくも朝廷から五位の判官の役をいただき、一族の名誉とも思います。ところが意外にも悪人に讒言されて、兄上に褒められるどころか、お叱りを受ける羽目になりました。どうかお取りなしください。

これでは頼朝の怒りの炎に油を注ぐだけです。

頼朝が目指しているのは武家政権です。その意味では朝廷は政敵です。頼朝としては、ここをわかって欲しいのです。後白河法皇の頼朝・義経分断作戦による義経任官であったのは見え見えなのです。大江広元は頼朝に忠実です。この手紙をそのまま頼朝に見せました。案の定、頼朝は、

「こんな詫び状が世の中にあるものか。これではまるで手柄を自慢しているだけではないか」

と激怒しました。

身を捨ててこそ浮かぶ瀬もあれ

この後の義経の行動もスッキリしません。後白河法皇から頼朝追討の院宣をもらいますが、挙兵に

までいたりません。兵が集まらなかったのかもしれません。結局、義経は追われ、奥州に落ち、そこで頼った藤原一族に殺されてしまいます。

初めに頼朝の怒りを買った時点で義経がとるべき態度は次のようなことではなかったでしょうか。

(1) 人を介さずに直接頼朝に詫びる。

(2) 頼朝院宣をもらうなどジタバタした行動をとらない。

(3) 裸になって身柄を頼朝に預ける。

なぜかといえば頼朝には彼なりの怒らざるを得ない状況があったのです。頼朝の曰くいい難い希望はこうだったと思います。

① 部下に示しをつけたい。信賞必罰なしには頼朝軍団の結束は保てない。だから何はともあれ、素直に詫びてもらいたい。

② 朝廷とは一線を画してほしい。平家なき後は、鎌倉と京都の主導権争いという政治状況だ。

③ 頼朝自身の如何ともし難い猜疑心を氷解させてくれないか。頼朝だって信じたいのだ。

すなわち、義経にとって必要なのは、政治的に捨て身の行動に出ることだったのです。諺に「山川の末に流るるとち殻も身を捨ててこそ浮む瀬もあれ」とあります（空也上人絵詞伝）。

捨身になって初めて活路が開けるということは確かにあります。捨て身になって初めて良い考えが浮かぶこともあります。

クソ度胸は戦争においてのみ有効なのではありません。政治的に捨て身になることが必要な時もあるのです。義経はその点、思い切りが足りませんでした。

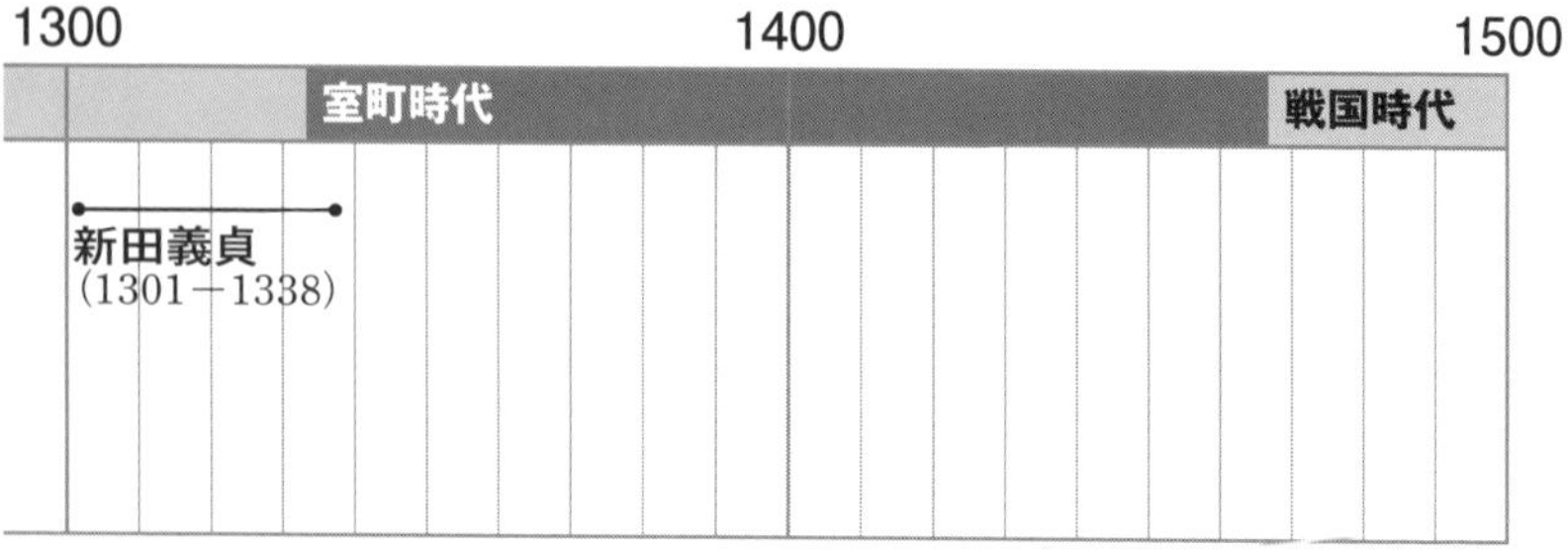
1300
1400
1500
室町時代
戦国時代
新田義貞
(1301－1338)

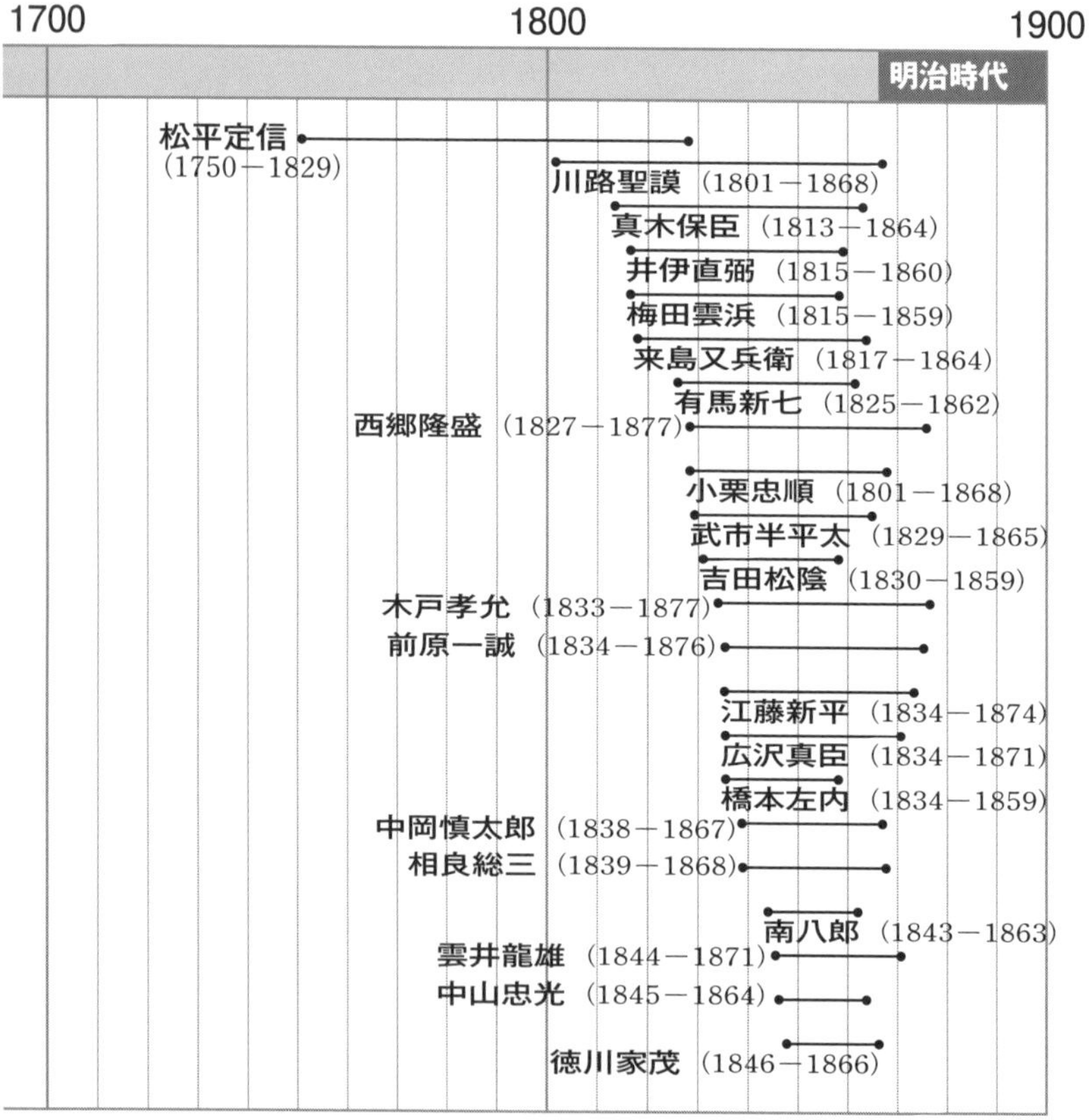
1700
1800
1900
明治時代
松平定信
(1750－1829)
川路聖謨 (1801－1868)
真木保臣 (1813－1864)
井伊直弼 (1815－1860)
梅田雲浜 (1815－1859)
来島又兵衛 (1817－1864)
有馬新七 (1825－1862)
西郷隆盛 (1827－1877)
小栗忠順 (1801－1868)
武市半平太 (1829－1865)
吉田松陰 (1830－1859)
木戸孝允 (1833－1877)
前原一誠 (1834－1876)
江藤新平 (1834－1874)
広沢真臣 (1834－1871)
橋本左内 (1834－1859)
中岡慎太郎 (1838－1867)
相良総三 (1839－1868)
南八郎 (1843－1863)
雲井龍雄 (1844－1871)
中山忠光 (1845－1864)
徳川家茂 (1846－1866)

掲載者一覧年表

1100 / 1200

平安時代 / 鎌倉時代

- 源義経（1159－1189）
- 畠山重忠（1164－1205）

1500 / 1600

戦国時代 / 安土桃山時代 / 江戸時代

- 明智光秀（1528－1582）
- 池田光政（1609－1682）
- 上杉謙信（1530－1578）
- 石川数正（1533－1593）
- 天野康景（1537－1613）
- 平岩親吉（1542－1611）
- 板倉勝重（1545－1624）
- 山中鹿之介（1545－1578）
- 武田勝頼（1546－1582）
- 片桐且元（1556－1615）
- 大久保彦左衛門（1560－1639）
- 石田三成（1560－1600）
- 福島正則（1561－1624）
- 加藤清正（1562－1611）
- 豊臣秀次（1568－1595）
- 木村重成（1593－1615）

ぱるす出版図書案内
（価格はすべて税込）

塩原　経央
国語の原風景～上古の言葉と漢字の知恵～
１６５０円　四六判　２２８頁
校閲記者40年の著者が、日本書紀と古事記を紐解き、日本語の魅力、奥深さ、漢字の面白さを詳述！

田中　真澄
良き習慣が創った私の人生～85歳の現役社会教育家が歩んだ道～
１６５０円　四六判　ハードカバー・２１２頁
私は良き習慣の奴隷だったと語る著者が書き下ろした充実人生のための考え方と生き方。

田中　真澄
幸せな人生を歩むための8つの法則　84歳の社会教育家が語るとても大切なこと
１６５０円　四六判　２１６頁
経済誌「日経ビジネス」創刊時の販売責任者を務め、独立直後若手講師No.1に選ばれた著者が、自らの人生を振り返り書き下ろした書！

柳平　彬
やる気を引き出す　言氣の心理学
１３２０円　四六判　２２４頁
働き方とは一人ひとりの生き方が凝縮されたもの。人間が働くことの意味を改めて問い直す。

星　亮一
星座の人　山川健次郎
―白虎隊士から東大総長になった男―
１６５０円　四六判　２２４頁
悲劇の地「会津」が生んだ教育界の巨人の感動の半生！

星　亮一
会津藩燃ゆ　―我等、かく戦へり―【令和新版】
１９８０円　四六判　４００頁
押し寄せる薩長政府軍に敢然と立ち向かった会津武士、感動の物語！　今「令和」の時代によみがえる！

八幡　和郎
「日本国紀」は世紀の名著かトンデモ本か
１７６０円　四六判　２６４頁
大ベストセラー『日本国紀』の正しい読み方を明らかにする。大論争を最終決着させる話題沸騰の書。

木本　努
シングル父さん子育て奮闘記
１４３０円　四六判変形　２１０頁
3人の子供を遺して逝った妻。仕事に子育てに、一人の男の闘いが始まった。壮絶な、しかし感動的な物語。２０１９年ベストファーザー受賞。

深尾　浄量
フカキヨの空はいつも「進め！」の青
～必要なのは教科書じゃない！　許可証だ！～
１４３０円　四六判　２２４頁
夢は必ず実現する。その鍵は自分自身が握っている。自らの存在が素晴らしいと認識することからそれは始まる。教師経験20年の著者が語る親と子の素敵な関係づくり！

鈴木　利典
子どもたちは未来の設計者―東日本大震災「その後」の教訓
２０００円　A5オールカラー　３０４頁
未曾有の大災害から本当に学ぶべきものは何か。被災・復興現場に身を置いた当事者だから語ることができる数々の事実と教訓！

鈴木　利典
３・１１震災を知らない君たちへ
９９０円　四六判・２２４頁
震災を体験していない子供たちに向けて、現職の学校長として被災者支援に尽力した著者が万感の思いをこめて語りかける。

大畑　誠也
答は現場にあり
１２５７円　四六判変形　１６８頁
教育の再生は親と子の関係改善にある。教育改革に敢然と取り組んだ感動の物語。

大越　桂
あしたの私は幸せになる
１５４０円　四六判変形　１２８頁
重度な障害を抱え寝たきりになりながら明日に希望を見る珠玉の魂の文集。

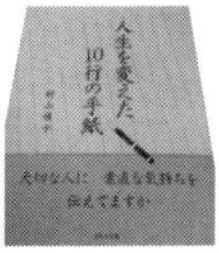

村山　順子

人生を変えた10行の手紙

1320円　四六判変形　152頁

夫との突然の別れで鬱状態の筆者に生きる希望を与えたのは夫からの10行の手紙だった。

佐々木　正美

お母さんの安心子育て

1980円　四六判　188頁

毎日の子育てで本当に大事なことは何かを平易な言葉で解説。

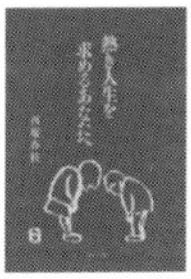

西端　春枝

熱き人生を求めるあなたへ

1320円　四六判変形　160頁

実業家として宗教家として歩み著者が到達した人生の生き方の極意を語る。

小林　牧牛

くよくよするなあるがまま

1980円　A4判変形　46頁・オールカラー

お地蔵さまとの対話すると心がおちついてくる。不思議な牧牛陶人形の世界。

小林　牧牛

陶人形の世界

1650円　四六判変形　64頁・オールカラー

牧牛陶人形と珠玉の言葉。感動の写真詩集。

石川　洋

生きるんだよ

1760円　四六判変形　128頁

母に対する感謝、生い立ち、一燈園での教え、露頭での修行等々著者の生き様。

石川　洋

人生今からだ（ポケット版）

440円

石川洋の心温まる箴言満載。

石川　洋

つづいてこそ　道（ポケット版）

401円

石川洋の心温まる箴言満載。

石川　洋

一日一日を生きる（ポケット版）

401円

石川洋の心温まる箴言満載。

月刊紙

「月刊ぱるす通信」

A3　4頁　オールカラー

毎月12日発行　年11回

年間購読料／5000円（税送料込）

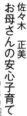

【著作一覧】

※2001年以降で、単行本若しくは文庫本で現在も紙ベースで手に入りやすいものの主な著書

徳川家康の人間関係学（2022 プレジデント社）

家康人づかいの技術（2022 角川文庫）

小説秋月鶴山～上杉鷹山がもっとも尊敬した兄～（2021　PHP）

［完全版］細井平洲（2020 PHP エディターズ）

渋沢栄一～人間の礎～（2019 集英社文庫）

なぜ一流ほど歴史を学ぶのか（2019 青春文庫）

［完全版］上杉鷹山（2019 PHP）

90歳を生きること～生涯現役の人生学～（2018 東洋経済新報社）

歴史の生かし方（2018 青春新書）

たのしく生きたきゃ落語をお聞き（2017　PHP 文庫）

西郷隆盛～人を魅きつける力～（2017 PHP 文庫）

歴史に学ぶ「人たらし」の極意（2016 青春新書）

歴史に学ぶ変革期の経営行動学（2016　Coremo 生産性の本）

歴史に学ぶ成功の本質（2016 ロングセラーズ）

危機を突破するリーダーの器（2016 青春新書）

細井平洲・美しい心の物語（2015 志學社）

大岡忠相～江戸の改革力 吉宗とその時代～（2015 集英社文庫）

渋沢栄一 人生意気に感ず～士魂商才を貫いた明治経済界の巨人～（2004 PHP）

高杉晋作 吉田松陰の志を継いだ稀代の風雲児（2014 PHP 文庫）

伊能忠敬：日本を測量した男（2014 河出文庫）

［新装版］宮本武蔵の人生訓（2009 PHP）

童門流人前で話すコツ（2001　時事通信社）

童門　冬二（どうもん　ふゆじ）

作家。昭和２（1927）年生まれ。東京都広報室長、企画調整局長、政策室長を経て昭和54（1979）年退職。歴史に素材を求めながら組織と人間をテーマに捉えた著作を行っている。主な著書に『小説上杉鷹山』『小説吉田松陰』など、その数は300余冊に及ぶ。

マジメと非マジメの間《はざま》で

——歴史人物解体新書——

令和５年２月23日　初版第１刷

著　者　　童　門　冬　二
発行者　　梶　原　純　司
発行所　　ぱるす出版 株式会社
東京都文京区本郷2-25-14　第１ライトビル508　〒113-0033
電話（03）5577-6201　FAX（03）5577-6202
http://www.pulse-p.co.jp
E-mail　info@pulse-p.co.jp
本文デザイン　オフィスキュー／表紙カバーデザイン　㈱WADE

印刷・製本　株式会社 平河工業社

ISBN 978-4-8276-0269-2　C0021